O Segredo da Fortuna

Leonardo Stoppa

KOTTER
EDITORIAL

Coordenação editorial: Sálvio Nienkötter
Editor-executivo: Daniel Osiecki
Editore-assistente: Claudecir de OLiveira Rocha
Capa: Jussara Salazar
Design editorial: Carlos Garcia Fernandes
Produção: Cristiane Nienkötter

Dados Internacionais de Catalogação na Publicação (CIP)
Angelica Ilacqua CRB-8/7057

Stoppa, Leonardo
O segredo da fortuna / Leonardo Stoppa. -- Curitiba : Kotter Editorial, 2022.
136 p.

ISBN 978-65-89624-82-0

1. Política e governo - Brasil 2. Líderes religiosos - Comportamento manipulador I. Título

CDD 320.0981

22-1835

KOTTER EDITORIAL

Kotter Editorial Ltda.
Rua das Cerejeiras, 194
CEP: 82700-510 - Curitiba - PR
Tel. + 55(41) 3585-5161
www.kotter.com.br | contato@kotter.com.br

Feito o depósito legal
1a Edição
2022

O Segredo da Fortuna

Leonardo Stoppa

SUMÁRIO

Introdução

O presente livro é uma continuação do meu livro anterior, Comunicação Política, e tem o objetivo de expor, de modo não científico, a maneira como a mente dos brasileiros foi colonizada, bem como as estratégias que são utilizadas dentro de muitas igrejas, com i minúsculo, para enganar as pessoas.

Existe uma diferença muito grande entre ser cristão e frequentar igrejas. Há igrejas honestas, pastores e fiéis honestos e, em meio a estes, encontramos pastores e fiéis corruptos. Essa afirmação pode ser expandida para qualquer instituição, pois há pessoas boas e ruins em todos os lugares. A Igreja de Cristo abarca todos os cristãos que seguem Seu evangelho. Já igrejas com i minúsculo são aquelas que possuem donos, instituições autônomas que não se relacionam, necessariamente, com a Igreja de Cristo.

Portanto, uma pessoa pode ser enganada para pensar que está protegendo a Igreja de Cristo, quando, na realidade, está protegendo o patrimônio e os interesses de uma família rica. Da mesma forma, se equivoca em achar que está honrando a Deus quando coloca um adesivo em seu carro que mostra qual igreja frequenta, pois ela pertence a um dono, enquanto a Igreja de Cristo não procura nenhum tipo de vaidade.

Vale apontar que, da mesma forma que no Brasil atual um partido se apropriou da bandeira nacional, os protestantes se apropriaram do termo "evangélico". Este termo está ligado à história de Cristo na Terra, portanto não há diferença se o cristão é protestante ou católico: quem segue o Evangelho de Cristo é, automaticamente, evangélico.

Outro objetivo deste livro é mostrar, para parte do meu público, a qual é revoltada com religião, que esta não é algo a ser demonizado. Como cristão, afirmo que não há como ser cristão e não ser evangélico, pois isto implicaria em não aceitar o Evangelho de Cristo. Jesus não nos deixou a Igreja Católica ou a Igreja Protestante, apenas nos legou Seu Evangelho. Mesmo este traz Sua mensagem de forma indireta, uma vez que foi escrito por pessoas que conheceram outras que viveram ao Seu lado. Ainda, a Bíblia é uma obra *editada* pelos seres humanos, pois nem mesmo os livros escritos pela mãe de Cristo foram incluídos nesta coletânea, por algum motivo político talvez, já que traziam ideias que iam contra os interesses daqueles que fizeram o cânone. Desta forma, a Bíblia não é um livro que veio diretamente de Deus, mas sim inspirado por Deus e escrito pelas mãos dos homens, no qual pessoas comuns se reuniram e decidiram quais escritos seriam publicados ou não.

Apesar de gozar de grande mérito, a Bíblia também precisa ser questionada, tanto por causa dos livros que foram excluídos, como os de Maria e de Enoque, quanto por não existir, atualmente, nenhuma peça original da Bíblia na Terra. Pode-se ponderar que talvez a Bíblia não tenha sido alterada, tendo-se em vista que na época fazê-lo seria um grande pecado. Isso porque no passado as pessoas eram muito mais tementes a Deus e teriam medo de modificar Sua Palavra, como o fazem Malafaia e Edir Macedo.

Outro ponto extremamente relevante para esse debate são as traduções. A Bíblia foi escrita em hebraico, aramaico e grego. Ocorre que havia uma diferença enorme entre a língua falada e a escrita nestes idiomas durante aquele período, tanto que ninguém sabe qual a real pronúncia da palavra Deus, devido ao fato de que não havia a representação das vogais no aramaico e porque os judeus seguiam à risca o fato de não se poder falar o nome d'Ele em vão. Desta maneira, existem duas versões do Antigo Testamento, ou da Torá: uma transmitida oralmente e outra por meio da escrita, porém nenhuma delas se manteve como era na origem. O mesmo aconteceu com a Bíblia. Há uma desconexão significativa entre quando esta foi escrita e a atualidade, seja por conta da dificuldade de tradução, de transposição cultural da antiguidade para a contemporaneidade, seja por manipulação direta do texto.

A distorção da Palavra de Deus acontece também em grandes igrejas, como a do Edir Macedo, que são, na realidade, seitas de submissão judaica, ou seja, têm a finalidade de conduzir seus fiéis a aceitarem a ideia de que judeus são o povo escolhido por Deus e, portanto, são superiores. Isso acontece porque a igreja Universal, entre outras, possui negócios com Israel para subjugar os brasileiros à sua política. O trabalho de Silas Malafaia e Edir Macedo é fazer com que suas igrejas preguem o judaísmo disfarçado de cristianismo. A questão é que o capital de Israel é muito grande e controla editoras, gravadoras e emissoras de rádio e televisão. Com isso, qualquer igreja que queira se inserir no mercado da religião precisa se submeter a ele e, consequentemente, a esta ideologia, para ter espaço de divulgação em livros, músicas e programas de rádio e televisão. Por conta disso, tais igrejas se baseiam muito mais no Antigo Testamento, que ignora a história de Jesus Cristo e seu posicionamento contrário à hegemonia judaica. Deste jeito, os fiéis se tornam totalmente a favor do extermínio do povo palestino e das guerras que Israel causa ao redor do mundo, afinal frequentam, sem saber, uma seita de submissão judaica.

Na minha concepção, Deus é um só. Ele se manifestou em vários lugares da Terra e cada povo relatou a Sua vinda de uma forma muito semelhante e, ao mesmo tempo, singular. Por isso, esse livro não nega o dom espiritual e divino, porém mostra que, além do dom, há muitas pessoas de mau caráter envolvidas no contexto do cristianismo, utilizando-se desta religião para fins políticos, financeiros, para cometer crimes de ódio, entre muitos outros. Entretanto, vale apontar que alguns pastores deturparem a Bíblia não implica que Deus tenha culpa. O uso político das igrejas leva pessoas a ter ódio destas, mas não necessariamente de Deus. Deus não tem culpa. O fato de Silas Malafaia e outros utilizarem a igreja como instrumento político não tem nada a ver com Deus.

Neste sentido, espero que o livro que o leitor tem em mãos o leve a ter uma visão crítica daquilo que alguns denominam, falsamente, de fé.

A IGREJA É UM OUTRO MUNDO?

Dentro da igreja existem funções que são disputadas e exibidas pelas pessoas.

Há uma escalada. Primeiro é preciso tornar-se frequentador; em seguida membro; depois obreiro e, em algumas igrejas, então chega-se a presbítero. Mas o cume é tornar-se um ministro de louvor ou então pastor.

Por não ser uma ascensão a princípio tão difícil quanto na vida real, em que conseguir cargos e funções é muito mais custoso, as pessoas se iludem de que terão oportunidades melhores na igreja. Trata-se de uma estratégia que constrói um mundo paralelo, que aliás funciona muito bem.

Na política brasileira, por exemplo, sabemos que um indivíduo tem que lutar muito para chegar a deputado federal, senador, ministro. Na verdade, em qualquer área em que atuemos, é preciso trabalho, contar com influências, enfrentar disputas etc. Mas não paramos de tentar subir para um status melhor. Porque o ser humano tem uma necessidade muito grande de autorrealização. Um comportamento que é demonstrado pela Pirâmide das Necessidades de Maslow. Precisamos mostrar que somos importantes, superiores; chegamos a fazer coisas "estranhas" para conseguirmos destaque entre nossos pares.

Pois bem. É exatamente esta necessidade que gera muito lucro para pastores farsantes. E muitas oportunidades de abuso para os donos de igrejas. Porque eles se valem da fraqueza humana. Os farsantes (e lembro aqui que há exceções, que há bons pastores) criam igrejas sabendo que vão se aproveitar dos ingênuos e dos espertalhões que buscam autorrealização. Estes vão à igreja achando que lá terão mais oportunidades, que vão logo se tornar obreiros, ministros de louvor, pastores quem sabe um dia. Ou que vão participar da banda da igreja e virar *pop stars*. Mas o que ocorre é o contrário.

O pastor farsante sabe que as pessoas querem ser melhores do que as outras e as põem para trabalhar, escravizam-nas, dizendo-lhes que um dia conquistarão o que buscam. Para compensar as frustrações constantes da ralé, quando alguém é promovido a obreiro a igreja faz uma enorme festa, como se este felizardo houvesse ganhado na Mega-Sena e agora fosse importante. O iludido novo obreiro passa a usar terno, gravata, já cumprimenta as pessoas de forma diferente...

Desta forma os pastores pilantras constroem pequenas monarquias. Pequenas por quê? Porque quem consegue um posto dentro da igreja não o quer perder de maneira alguma, e vai lutar com todas as suas armas para se manter onde chegou e, se possível, ir mais alto. Por isso, há lugares para muito poucos nas hierarquias mais altas.

A exploração do "sentir-se importante" começa quando o frequentador se torna membro. Ele então já não pode faltar com os dízimos e assume o compromisso de trazer mais pessoas para a igreja. Agora tem um título e, ao trazer gente de fora, sente-se superior a elas. Leva para lá, por exemplo, colegas de trabalho, que têm o seu mesmo nível na empresa, porque na igreja serão inferiores a ele. Quando se torna obreiro, o orgulho diante dos novatos que atrai cresce ainda mais, e assim por diante. Nesta ascensão, trabalha dobrado para não perder títulos e ganhar promoções.

Tal contexto "remunera" o ego dos fiéis. Os que estão em cima incentivam os que estão embaixo a crescerem. O obreiro diz ao membro que ele é muito dedicado e rapidamente se tornará também obreiro. O ministro de louvor faz o mesmo com o obreiro.

Sob tais promessas, as pessoas se dedicam de fato à igreja.

A condição básica para que esta máquina funcione é que ninguém desafie a autoridade do pastor, a linha constituída pelas hierarquias. E, claro, para subirem, os fiéis jamais desafiam as ordens que vêm de cima. Tornam-se escravos da instituição. Podem ser ordens de alinhamento político, "vote em tal candidato". Podem ser ordens de alinhamento econômico, "compre em tal supermercado", "use este tipo de roupa". Qualquer desobediência pode levar a críticas e prejudicar os fiéis em sua carreira. Não percebem que se tornaram súditos de uma monarquia paralela.

Com pequenas exceções, a igreja é construída por um empresário, que se intitula pastor, para fazer dela a sua empresa, o seu império, a sua monarquia. E não se iluda: numa monarquia, príncipes são os filhos do rei. Por mais que você seja um bom cantor, um bom instrumentista, por mais que tenha o dom da palavra, sempre será um tolo servindo a uma instituição que invariavelmente apontará os holofotes para o filho e/ou filha do pastor. Quem cantará, tocará os instrumentos, quem terá todos os benefícios serão estes príncipes e princesas. A princesa pode até ser feíssima, mas será a mais disputada da igreja. O príncipe, a menos que seja tímido, será o maior "pegador". Isto faz com que todos tenham vontade muito grande de se aproximar do rei, de ser seu genro, sua nora etc. Isto submete os fiéis a uma extrema humilhação. Afinal, o que faz do pastor ou de seus filhos pessoas melhores do que as outras?

Toda a estrutura da igreja é arquitetada com o intuito de que um grupo enorme de membros, com o fito de alçarem a posições superiores, ganhando destaque sobre os demais, trabalhe incansavelmente para que a família do monarca mantenha sua ficitícia superioridade e seu poder.

Na Igreja Batista da Lagoinha, em Minas Gerais, não importava quais dons pudessem ter os que participavam do grupo do louvor. O ministério do louvor sempre promovia a Ana Paula Valadão, por ser filha do rei, o dono da igreja. Aliás, ao lado do trono não encontraríamos ninguém que não fosse parente do pastor Marcio Valadão. A emissora de televisão que eles tinham (e talvez ainda tenham) não servia para pregar a palavra de Deus. O propósito da emissora era promover as famílias dos donos da emissora e da igreja, além de vender seus produtos. Trata-se, enfim, de uma empresa comercial, cujo foco é o dinheiro e que, ao promover seus líderes, faz com que eles tenham mais e mais oportunidades de aumentar sua fortuna.

É ilusório pensar que os que estão abaixo desta elite terão algum lugar ao sol. Porque não há democracia nas igrejas, as pessoas da ralé jamais chegarão senão aos pés do rei, para beijá-los.

Essa situação deixa duas alternativas: ou você se liberta e liberta os outros escravos desta situação, ou você faz sua própria igreja, única forma de obter destaque social de fato.

O ANTICRISTO VENCEU

Algo que intriga os cristãos é quem seria o anticristo. Eles se perguntam: quem seria a Besta do apocalipse que viria para destruir a palavra de Deus, para prejudicar os ensinamentos deixados por Cristo?

Vamos refletir sobre isso.

A mensagem de Cristo tem sido distorcida nos últimos tempos. Qualquer pessoa que vá um pouco mais a fundo na questão percebe que os cristãos não têm recebido as mensagens da forma como foram deixadas por Jesus. Para entendermos melhor de onde vem esta distorção, precisamos antes nos debruçar sobre alguns termos do evangelho.

Cresci numa família católica e reiteradas vezes tentei entender qual era o significado da expressão "Corpo de Cristo". Só quando comecei a estudar teologia descobri que Corpo de Cristo é a união de todas as igrejas devotadas a ele, pregando sua palavra para o mundo. É como se fosse um grande corpo, uma voz coletiva uníssona pregando o ensinamento deixado por Cristo para todos os povos. No entanto, o que se percebe hoje é que há uma divisão dentro da própria igreja de Cristo, que fragmenta também sua mensagem.

Se conseguirmos entender que o Corpo de Cristo não é um corpo físico, mas um amplo empenho conjunto de todas as igrejas para disseminar seus ensinamentos, não poderemos admitir tal divisão. Da mesma forma, entenderemos o que é o anticristo, a Besta. Já me explico.

As pessoas que frequentam os templos não saberiam deixar de escutar o pastor para procurar informações diretamente na bíblia. Não conseguiriam fazê-lo. Nem 1% da população que frequenta as igrejas recorre à bíblia.

Isso se deve ao fato de que as igrejas viraram um esquema esmagador de comércio de influência. Um esquema que, para além de amealhar dinheiro através da submissão e ignorância de seus discípulos, decide quem será o candidato que a comunidade evangélica deverá apoiar ou quais produtos deverá comprar. Tais igrejas já foram utilizadas para destruir veículos de comunicação e promover outros, quando estes lhes davam pleno apoio. E a primeira coisa que seus apoiadores faziam era satanizar pessoas. Quando era criança muitas vezes ouvi que a Xuxa era o anticristo, que era "de Satanás". O que estava acontecendo, na verdade, era que estavam nascendo veículos do meio evangélico que queriam disputar audiência (mercado) com a Xuxa.

Melhor dito: tratava-se de uma grande mentira. Aquelas personalidades só "eram de Satanás" porque estavam concorrendo comercialmente com os donos de igrejas. Além disso, e dentro da mesma lógica, determinado candidato era demonizado por não ter oferecido uma proposta financeira para os pastores.

Hoje vejo pessoas que na infância achei boas, gente que conheci, por exemplo, na Inglaterra, que se deixaram alienar e começaram a trilhar caminhos políticos estranhos, pelos quais apoiam candidatos cujos atos só podem vir do Inferno. Olhando para elas compreendo o que é o anticristo. O que é a Besta.

Me permitam uma parábola. Imaginemos um inimigo do Brasil que procurasse a melhor forma de matar a população. Ele pensaria muito e chegaria à conclusão de que o ideal seria sabotar remédios. Se conseguisse vender, durante dois anos, vacinas falsas para o povo brasileiro, todas as crianças que nascessem naquele período não estariam imunizadas e ficariam doentes.

Da mesma forma, suponhamos que o Brasil padece de uma grande epidemia. E que o responsável por distribuir remédios dá à população medicamentos falsificados ou que simplesmente não funcionam. Talvez até com uma doença incutida em sua composição. A consequência é óbvia: os brasileiros contaminados adoecerão ou encontrarão a morte.

O anticristo é exatamente isto: uma doença que foi colocada na igreja de Cristo. Ele não tem nada a ver com uma pessoa específica, Hitler, Trump, como creem alguns. Basta não permitirmos que um conjunto de igrejas, destruidoras da palavra de Cristo, nos aliene para entendermos que o anticristo não é um indivíduo, mas a estratégia que cria condições para que Cristo jamais chegue a nós. Como? Através de um pastor falso que distorce a interpretação da mensagem de Jesus, para atender aos interesses de grupos político-financeiros, a que estes mesmos pastores pertencem.

O que está acontecendo é que o remédio foi adulterado e não vai curar a doença. Antes vai provocá-la.

É por este motivo que, hoje, no Brasil e no mundo, cresce uma revolta de grandes dimensões contra todas as religiões.

Pode-se compreender esta indignação, basta aventar o que pensa um cidadão, de fora da jaula da alienação, quando um pastor manda seus fiéis votarem em um candidato que oferece a morte contra qualquer solução para os males sociais que o oprimem...

Jesus Cristo veio à terra para curar os doentes, não para se dedicar a indivíduos "perfeitos". Veio à terra justamente porque os judeus criaram um puritanismo segundo o qual só os descendentes de uma linhagem específica, de uma determinada classe social, poderiam ter acesso a Deus e professar as leis de Jesus. Sua vinda ocorreu para mudar isso, para que a religião fosse de todos.

Em contrapartida, o que querem as igrejas atuais? As ofertas de seus fiéis, os tais 10%. E exercer uma influência implacável sobre eles, dando oportunidade de crescimento a muito poucos.

A igreja de Cristo está sendo destruída. Não me refiro a uma igreja específica, a Universal ou a Batista, mas a todo o seu conjunto. E o que ocasiona sua ruína é a separação em organizações que estão em busca de dinheiro. Ela está conseguindo criar o anticristo através da Besta: a doença em seu interior que impede que a palavra de Cristo chegue ao povo.

Entretanto, a distorção da mensagem faz as pessoas pensarem que o problema foi solucionado. E pararem de ver problemas.

É como se contratássemos alguém para consertar uma goteira no telhado. O conserto é feito enquanto a chuva para. Parece que aquilo foi resolvido, trazemos nossas coisas de volta para o lugar em que água caía. Mas à primeira chuva descobrimos que fomos roubados, nada foi feito, a goteira continua lá.

A igreja é este profissional que finge consertar a goteira para nos roubar.

Crentes iludidos com sujeitos como Malafaia e Marco Feliciano não procuram mais a bíblia ou pastores sérios. Acreditam que está resolvida a questão de ir ao encontro da mensagem de Deus. Já estão numa igreja, dão seus 10% para ela, votaram no cara que prometeu resolver "o problema" à bala. Acham que estão salvas, se aquietam.

Basta um mínimo de inteligência para entendermos que a melhor maneira de destruir uma alma é mandá-la para o caminho errado. Se queremos fazer com que alguém, perdido em Belo Horizonte, jamais chegue a São Paulo, basta lhe indicar a direção da Bahia. Assim, para levar os crentes a Satanás, as igrejas lhes indicam o caminho errado para Deus. E, por acreditarem que estão a caminho de Deus, por estarem tão convictas de que Deus está onde querem colocá-lo e não onde realmente está, os crentes lutam contra a verdade. Sequer estão dispostos a trilhar a senda deixada por Cristo para alcançá-lo. Preferem inventar o caminho que lhes foi apontado.

Cristo deixou mensagens (na bíblia, não na boca de pastores) que decepcionam muita gente, porque vão contra o que querem. Um exemplo é a crítica à soberba, que principalmente na sociedade brasileira é muito praticada. Mas não seria melhor, para aqueles que gostam da soberba, da glória material, assumirem o satanismo e orarem para o demônio certo do que serem hipócritas, dizendo que "são de Cristo" ao mesmo tempo em que colocam o dinheiro acima de tudo, seus interesses acima dos interesses dos outros? Deste modo não tentariam encontrar fundamentos na bíblia para a pena de morte, para a castração química, para deixar de lado o amor ao próximo e achar justo que o país não invista em saúde e educação. Quem age assim não está procurando o ensinamento de Cristo, mas, sim, frases dele que sustentem sua decisão.

Não há vergonha, nesses casos, em abandonar a igreja e integrar-se a um grupo satânico. Ou criar a Religião do Anticristo no Brasil. É mais coerente, mais honesto. Quem veste uma capa de cristão e segue uma política de anticristo, usando como argumento que "do outro lado tem corrupção", desnuda para os lúcidos a sua mentira.

Jesus nos disse para amarmos o próximo como a nós mesmos. Os referidos soberbos pensam que, se fizerem isso, acabarão amando um vagabundo, "um cara que não gosta de trabalhar". Acreditam que Jesus certamente lhes dará mais por terem méritos, já que são melhores do que os preguiçosos. Jesus, da mesma forma, justificaria a castração química de um homem por ser estuprador. Teria justificativas, se vivesse hoje, para que pessoas morram de fome, porque recebem bolsas do governo, são pilantras.

Não existe, dentro do caminho de Cristo, qualquer coisa que sustente tais barbaridades pregadas pelos pastores e repetidas ao infinito por seus discípulos. Pessoas assim é que *são o anticristo*, as células cancerígenas do Corpo de Cristo. Pregam uma política criminosa, o ódio, a desigualdade social e o retorno da fome.

A esta altura, quem faz publicações nas redes sociais, sustenta e trabalha para alimentar uma ideologia deste quilate deve estar morrendo de raiva de mim. Dirá que não fui consagrado pastor, que não tenho autoridade para falar sobre cristianismo, religião, afinal de contas não uso um terno. Pois bem, peço desculpas a você: não sou um fariseu. Não tenho igreja, não recebo dízimos, não tenho um jatinho.

Jesus veio de uma classe humilde, sem autoridade religiosa, e disse a nós o que precisávamos ouvir. Sua palavra ia contra toda hipocrisia que denuncio aqui. Porque não achava que só a elite dos doutores da lei, só os fariseus podiam se manifestar a respeito de religião.

Quem age assim, no afã de tentar fazer o certo, faz tudo errado. Isso não me espanta. O próprio Jesus nos deixou uma mensagem que esclarece como isso aconteceu: "Muitos ouvirão, poucos compreenderão".

Aproveitando-se da falta da capacidade cognitiva do povo, os líderes religiosos da atualidade estão usando a bíblia para fazer o trabalho do anticristo.

Mas se você prefere continuar sendo enganado, continue ouvindo os interesses pessoais dos pastores manifestos em pregações. E você, pastor, se quer contribuir ainda mais para espalhar o câncer do Corpo de Cristo, siga sempre os comandos dos grandes pastores donos de igrejas.

Entretanto, se acredita que Cristo deixou uma mensagem e não que é você quem vai escrevê-la a seu proveito, a única maneira de conhecer essa mensagem é lendo a bíblia. Não é preciso ler toda. Basta ler o primeiro livro do Novo Testamento para compreender que está fazendo tudo errado. Que anda fazendo parte do anticristo, que está desgraçando a palavra de Deus. Perceberá que o destino de seus atos será com certeza o uso do cristianismo no Brasil para se fazer política suja. E que está sendo usado pela fraqueza e alienação de seus líderes.

A igreja virou boate

Registrarei aqui um fato desconhecido pela grande maioria dos brasileiros. Trata-se de uma estratégia que passou a ser utilizada pelas igrejas mais destacadas do país, quando perceberam que poderiam ganhar mais dinheiro criando um ambiente capaz de concorrer com as antigas boates. Talvez isto soe absurdo, mas foi o que fizeram.

Antigamente, um dos entretenimentos habituais eram as boates com música ao vivo. Nos finais de semana, os casais ou pessoas que estavam em busca de um relacionamento iam a estas casas de show, onde bandas tocavam boleros e outras músicas dançantes. Tais ambientes propiciavam aos brasileiros uma intensa interação social e amorosa.

Quando as igrejas notaram que havia uma demanda por eventos desta natureza, adaptaram-se à lógica da época. Vou dar um exemplo: a Igreja Batista da Lagoinha, que se transformou em uma boate e atraiu uma enorme clientela. Isto se deveu ao fato de ela se distinguir por uma trajetória singular.

No seu início, a Igreja Batista da Lagoinha estava aos cuidados do pastor Márcio Valadão, a quem se atribuía um forte dom divino. Márcio fechava as portas daquele templo humilde e fazia acontecerem coisas sobrenaturais. Revelações, manifestações de Deus que operavam milagres sobre os fiéis. Entretanto, as demais igrejas brasileiras, em especial as convenções batistas, começaram a se revoltar, porque raros pastores manifestam o tal dom. Formou-se então uma onda de rejeição por Márcio Valadão, e seu trabalho passou a ser boicotado. A partir daquele momento, o ritual puramente religioso das igrejas deste segmento converteu-se em simples doutrinação.

Inicia-se assim o segundo momento de sua história. Surgem as igrejas de show gospel. A própria Igreja Batista da Lagoinha, compreendendo os novos rumos, modificou-se e formou uma banda, que fez enorme sucesso. O mundo gospel rapidamente cresceu e tornou famosíssimas cantoras como Ana Paula Valadão e Ivete Sangalo. O lucro das igrejas aumentou vertiginosamente. A estratégia era muito interessante. As bandas gospel vendiam milhões e milhões de discos, faturavam fortunas e diziam mandar parte dos seus rendimentos para a África, para ajudar crianças pobres – uma técnica hoje usada por quase todas as empresas com o intuito de mostrar que não são venais.

O fato é que a igreja abandonou o culto a Deus para ser uma casa de shows. E nela os artistas quase sempre eram parentes e amigos do pastor, dos donos das igrejas.

Decorre disso uma segmentação, uma disputa por mercados. Vamos a um exemplo. A igreja Batista da Lagoinha começou a criar produtos específicos para o público gospel. Entre eles, produtos para crianças. Para evitar que meninos e meninas do mundo gospel consumissem ofertas de outros segmentos, passaram a dizer que Xuxa era filha de Satanás, que Fofão havia feito um pacto com o Diabo etc. Olhavam estritamente para o mercado, criando obstáculos para que os crentes não tivessem acesso à concorrência. É como se hoje refrigerantes em disputa criassem factoides. Imaginemos que a Coca-Cola invente uma história segundo a qual o dono da Pepsi tem pacto com o diabo. Consequentemente, todos que beberem Pepsi irão para o Inferno. Todo mundo acredita na história e compra só Coca-Cola. Foi isso que aconteceu naquela época com as igrejas.

As pessoas de fora daquele universo, que chegavam a estranhar os crentes por eles alegarem que tudo era obra de Satanás, não percebiam tratar-se apenas de um estratagema de mercado.

Dentro desta lógica os pastores, empresários do mundo gospel, passaram a afirmar que a Globo era uma empresa de Satanás. Por quê? Porque estavam criando as suas próprias emissoras de televisão. Além disso, proibiram os fiéis de ouvir música oriunda do mundo externo ao deles, o que não tinha nenhuma relação com adoração a Deus, mas sim com o fato de que desejavam que consumissem o seu próprio produto, a música gospel.

Esta igreja de que falo evoluiu um pouco mais. Chegou ao ponto mencionado anteriormente: virou boate.

A metamorfose ocorreu quando identificaram outro segmento de mercado para atuar, o do entretenimento. Logo converteram os templos de adoração em grandes espaços de eventos. Se hoje formos à Igreja Batista da Lagoinha, encontraremos uma casa de shows. Qualquer pessoa isenta perceberá isso. A Lagoinha tem um completo sistema de iluminação e de som, palco e estrutura de bastidores para atender ao verdadeiro motivo dos que a visitam: fruir entretenimento, mais especificamente a dança do acasalamento.

A diferença básica entre a boate tradicional e a que se intitula igreja é que, nesta, os frequentadores buscam transparecer um comportamento conservador, segundo o qual não se pode fazer sexo antes do casamento, só se deve dar a mão depois de uma semana de namoro etc. Mas estes preceitos na verdade não são seguidos. Aliás, o que lá acontece chega a ser engraçado. Os rapazes vão à igreja achando que a crente é uma garota fácil; as garotas lá vão justamente para encontrar rapazes que pensam isso, o que torna tudo mais simples. Ou seja: apesar da aparente diferença, a boate da igreja é a mesma boate de outrora.

Dentro destas casas de show religiosas encontramos grifes de roupas e até bandeira de cartão de crédito próprias. Mas há algo que não acharemos por lá: o evangelho de Cristo. Simplesmente porque o evangelho condena o comércio da fé, e jamais dirá que alguém encontrará Deus dentro de templos gigantes, cheios de ornamentos e tecnologias. Tampouco a maioria das pessoas que lá estão têm qualquer volição evangélica. O que elas buscam é socialização, pertencimento e destaque social.

Quanto a este último objetivo, observe-se que muitos dos que vão a tais shows querem exibir a sua posição social. "Eu sou presbítero", "Eu sou um membro do tipo A plus", "Eu sou filho do pastor", "Eu sou bisneto do fundador da igreja", dizem elas.

Jesus Cristo dava mais importância à pregação do evangelho do que à adoração. Pois bem, exceto talvez entre uns raros indivíduos, não encontraremos nas boates de que falamos aqui qualquer vontade de pregar o evangelho, nem volição evangélica. Sequer nos depararemos com alguma bondade. Antes, veremos criaturas exibindo carros de marcas caras (a maioria deles financiados); roupas de grifes do mundo fashion; comerciantes à cata de relacionamentos para fazer negócios e, sobretudo, interesses sexuais. Pode-se contar nos dedos quem está lá com intenções realmente conectadas a Jesus Cristo ou ao evangelho.

Faltou fé, e a culpa é sua!

Em 2019, um vídeo viralizou na internet. Mostrava um casal que queria pagar o combustível num posto de gasolina usando papel como dinheiro. Sim, folhas cortadas de papel em branco, do tamanho de cédulas. O caso exigiu a interferência da polícia, e o combustível, que já havia sido colocado no automóvel, foi retirado.

À época, os internautas assistiam ao vídeo e diziam que o casal estava tentando dar um golpe. Na verdade, o casal é que fora vítima de golpe. Vamos ver o que ocorreu.

Marido e mulher frequentavam uma igreja e, um dia, o pastor lhes ordenou que trouxessem todo dinheiro que tinham para o templo. Quando o fizeram, o pastor trocou seu dinheiro por papel em branco, e lhes disse que, se tivessem fé, o papel se tornaria dinheiro.

Podemos deduzir então que o episódio no posto de gasolina revela a extrema fé dos dois. Tanto que, quando o frentista lhes falou que estavam brincando, foram eles mesmos que chamaram a polícia. Tinham tanta convicção de que aquele papel era de fato dinheiro, de que fora transmutado por sua fé, que acabaram sendo levados para uma delegacia.

Qualquer pessoa lúcida concluiria que os dois compreenderam o que houvera: tinham tomado um calote do pastor, que ainda por cima os fizera passar vergonha. Mas não foi isso que aconteceu. Eles não perceberam que haviam sido feitos de otários e, pasmem, sentiram-se culpados. Porque acharam que, naquele momento lá no posto, sua fé fraquejou, e por isso o papel não virou dinheiro. Sentiram remorso. E, em vez de colocarem a culpa no pastor, atribuíram-na a si mesmos.

Com exceção daquelas igrejas em que se prega realmente o evangelho de Cristo, esta estratégia é usada em quase todas as outras instituições religiosas. Ela consiste em um mecanismo simples: o pastor promete qualquer coisa para o fiel, e a responsabilidade sobre o que foi prometido sempre recairá sobre o próprio fiel. Se algo der errado, a culpa jamais será do pastor, mas da falta de fé de sua ovelha.

Se um indivíduo vai a uma destas igrejas e diz ao pastor que tem muita vontade de ficar rico, de ter um carrão ou um iate, o pastor impostor lhe responderá:

– Você confia em Deus, irmão? Sim? Então deixe aqui o seu dinheiro e prove para Deus que você confia mais nele do que no dinheiro, porque Deus é mais importante para você. E então receberá a sua graça.

Obviamente, é muito difícil ficar rico. E quando o indivíduo acima notar que isso não aconteceu com ele, pensará que "perdeu" o carrão e o iate por falta de fé. Houve dúvidas em seu coração em determinado momento e, por isso, não recebeu a graça de Deus.

Ou seja, o impostor passa a perna no fiel, tomando seu dinheiro, promete-lhe algo praticamente impossível de ser alcançado e lhe atribui toda a culpa quando seus objetivos se vêem frustrados. Porque faltou-lhe fé.

Um dos casos mais impressionantes deste fanatismo orquestrado por caloteiros, foi o de uma família que, por se sentir excluída em sua rua devido ao fato de ser pobre demais, decidiu ficar em jejum até que Deus lhe desse uma casa nova. Queria ir para um lugar melhor, para um lar mais digno. A família morreu. Não sei se agora está com Deus, mas se está com Ele foi de fato para um lugar melhor.

Esta é a consequência do extremo fanatismo. As pessoas colocam Deus em prova, seu próprio corpo em prova, vendem as coisas de sua casa, seu carro, dão seu patrimônio e salário para a igreja para conseguir aquilo que tanto desejam. Ao final, o que ganham é a culpa por haver fracassado, devido à falta de fé.

É desta maneira que os impostores ficam milionários, roubando o que seu rebanho ganha com trabalho honesto.

Espiral do silêncio na igreja

Você sabe o que é espiral do silêncio? É um fenômeno que surge entre pessoas que podem até não concordar com o seu grupo social em determinados assuntos, mas acabam fingindo assentir para não perderem a admiração dos outros, para não deixarem de participar do grupo.

Isso acontece frequentemente nas igrejas. E é exatamente por causa da espiral do silêncio nas igrejas que às vezes algumas situações se tornam imutáveis.

Vou dar um exemplo com a política. Imagine você que certo grupo se declara apoiador do candidato A, mas em seu bojo uma ou mais pessoas, talvez todas, tenham se decepcionado com o candidato A. Elas acabam ficando caladas porque têm medo de perder a admiração dos seus pares.

Trazendo o tema para a religião e falando também de política, a sua igreja (vou dar um exemplo com os dois candidatos a presidente que foram para o segundo turno), vamos imaginar que a sua igreja declarou, de forma muito aberta, apoio ao presidente vitorioso, Jair Bolsonaro. E por ter votado e apoiado o Bolsonaro, criou uma espiral do silêncio, de forma tal que qualquer pessoa que se manifestava a favor do Haddad era reprimida, humilhada. Por isso mesmo, quem ali tivesse uma certa simpatia pelo Haddad permanecia calado ou até se declarava a favor do Bolsonaro, de modo a não perder a admiração do grupo.

É mais ou menos assim: o candidato que vai ganhar a presidência é menos importante para o indivíduo do que ter a admiração dos membros da igreja – tanto mais a admiração do pastor.

Hoje a situação pode ter mudado. Talvez todos os membros da sua igreja *no íntimo* já se decepcionaram com Bolsonaro, mas continuam, ainda que da boca para fora, defendendo-o. Porque de certa forma têm medo de que o grupo as abandone.

A espiral do silêncio é uma técnica utilizada nas igrejas, inclusive para que ninguém se oponha a pontos de vista do pastor. Trata-se de uma técnica usada por pastores não honestos; os honestos não fazem isso.

Agora vamos supor que um pastor não honesto comece a dizer que você deve fazer compras no supermercado do João, porque o pastor recebe um dinheiro por fora do estabelecimento. Ninguém se oporá, para não decepcionar o pastor.

Por outro lado, vamos supor que a sua igreja trabalhou arduamente pela eleição do Haddad. Todas as pessoas da igreja ficavam com medo de se manifestar contra o Haddad, como possível presidente do Brasil. Apoiavam-no com unhas e dentes. Mas o Haddad foi derrotado pelo Bolsonaro. Agora Bolsonaro, vitorioso, está governando de um modo que todos os membros da igreja estão aprovando. Mas por causa da espiral do silêncio acontece o inverso do exemplo anterior.

Ninguém terá coragem de dizer que está gostando do governo, porque a igreja apoiou Haddad. Todo mundo daquela igreja já mudou de ponto de vista. Diriam, se pudessem: "Olha, no final das contas, Bolsonaro está até sendo um bom presidente". Mas nada dirão, porque ninguém tem coragem, e assim o grupo continua fingindo ser o que era tempos atrás.

É importante identificar esse comportamento nas igrejas, porque é utilizado normalmente para conduzir a mente do rebanho. A tendência natural é que naquele ambiente você não seja mais um indivíduo, mas, simplesmente, um tijolo no muro. Será moldado.

Outra hipótese: ao ingressar numa igreja um fiel descobre que ela professa a fé da Terra plana. O fiel, porém, estudou física, e obviamente não acredita na teoria. Mas os membros da igreja creem nela, o pastor crê e todos exibem convicção muito grande a respeito do assunto. Chegará um ponto em que, por nunca se manifestar contra, vai ser percebido como alguém que defende a teoria da Terra plana. E mais. Para não perder a admiração do grupo, acabará por defender *de fato* a teoria da Terra plana, mesmo sabendo tratar-se de uma parvoíce.

O fanatismo pode nos levar a acreditar em algo. Mas o pior é quando a nossa individualidade some na espiral do silêncio. Quando a ideia predominante é a única que pode existir e não há mais diversidade de ideias. O ser humano então passa a uma condição de máquina. É programado e obrigado a se comportar de acordo com os líderes.

E pode ter certeza: se você não é o dono da igreja, a sua ideia nunca vai ser a predominante. A palavra final vai ser de quem o comanda.

Reconheça esse problema e valorize a sua individualidade. Você não é obrigado a ser idiota, não é obrigado a ser silenciado, a ser não-você, a ser outra pessoa, só porque você precisa de um convívio. Se o ambiente o tolhe, impede-o de ser quem você é, pule fora. Encontre um lugar que lhe faça bem, um lugar sadio. Fuja da espiral do silêncio!

Lavagem de dinheiro com igrejas. Deus não tem culpa!

A utilização de igrejas para lavar dinheiro é um tema necessário e muito sério.

Antes de tudo é preciso lembrar que, quando afirmo que igrejas lavam dinheiro, não digo que todas o fazem. Existem naturalmente igrejas boas e ruins, assim como pastores bons e pilantras. Aliás, em qualquer tipo de organização humana há pessoas boas e ruins.

Há uma grande dificuldade que se ergue para quem desvia dinheiro público: como fazer para provar que o capital embolsado teve uma origem?

Esta é a preocupação dos políticos que querem roubar para si o dinheiro do povo. Mas a verdade é que eles não encontram dificuldades. Desviar dinheiro público não é tão difícil quanto possa parecer.

Imagine que o prefeito eleito na sua cidade quer desviar cem mil reais para a conta dele. O que faz? Negocia com uma empreiteira que vai prestar um determinado serviço para a prefeitura. Diz a ela para lhe fornecer um orçamento com 100 mil reais a mais, que depois passarão às mãos dele, "por fora". Ou então negocia com uma banda (hoje infelizmente no Brasil é uma prática muito comum usar shows superfaturados para desviar dinheiro público). A banda faz um show, digamos, por 10 mil. O político pede a ela que assine um recibo de 20 mil. Os 10 mil a mais serão em geral divididos entre políticos e organizadores. Se pensarmos em um show de um milhão de reais, o que não é raro, podemos ter uma ideia de que montantes alcançam os desvios. É por isso que certos grupos políticos estão sempre contratando shows de músicos que se tornaram celebridades muito rapidamente. Se um cantor sertanejo, de uma hora para outra, vê o seu show passar a valer 1 milhão de reais, logo entrará na mira dos políticos, que ficarão desesperados para contratá-lo. Porque sempre há o "por fora" e este será tão maior quanto maior for o valor global, lógico.

Ocorre o mesmo com aquele prefeito que está concentrado em asfaltar tudo. A cidade pode estar precisando de investimentos em saúde ou para contratar mais professores, mas isso não dá dinheiro: o prefeito prefere asfaltar ruas, fazer investimentos em infraestrutura. É simples. No investimento em infraestrutura a empreiteira pode devolver ao prefeito uma parte da licitação como propina.

Mas aí surge a parte mais difícil, o grande obstáculo a ser enfrentado.

Imagine que o prefeito contratou o show daquele artista do momento por um milhão de reais. Dentro do esquema explicitado acima, 500 mil reais serão entregues a ele. Como vai fazer para receber esse dinheiro legalmente? Existem várias formas. Hoje, tanto a nível municipal (prefeitos), estadual (governadores), como a nível federal (deputados, senadores, presidente), uma prática muito comum é exatamente a utilização de igrejas para lavar o dinheiro.

O mais incrível é que tal processo se dá diante dos olhos dos fiéis, mas com os cuidados necessário para que não percebam nada. Como identificar então uma lavagem de dinheiro com a utilização de uma igreja? Como você pode perceber que há algo estranho acontecendo? Se estiver presente, preste atenção no momento em que se iniciam os pedidos de ofertas. Nesse momento, eventualmente, podem surgir quantias não compatíveis com a lógica. Acontece assim: o pastor e seus auxiliares começam a gritar por ofertas e de repente o pastor tem um espasmo. Diz, esbaforido: "O irmão doou cem mil reais!". E, de fato, um irmão deu à igreja uma mala com 100 mil reais. É algo que talvez você já tenha visto. Após a doação, o irmão generoso some misteriosamente... Nunca mais é visto, nem na igreja nem na cidade. Os fiéis da igreja acabam sendo usados como testemunhas involuntárias do fato de que a igreja realmente ganhou aquele dinheiro, e isso pode ser crucial em uma eventual investigação que venha a acontecer futuramente em caso de denúncia de lavagem.

Todos os membros da igreja vão ver aquele gesto como algo lindo e maravilhoso que aconteceu. Um generoso fiel, por algum motivo, doou muito dinheiro para a igreja.

A pergunta é: quem é o sujeito que doou os cem mil reais? Se você faz parte da igreja e não sabe, desconfie. Um homem incógnito entregou uma soma tão grande? Por quê? E de onde surgiu tanto dinheiro?

Infelizmente, via de regra é dinheiro ilícito. E, pior, geralmente dinheiro público, em última análise pertencente às "testemunhas involuntárias".

Há também depósitos anônimos, de pessoas que vão a agências bancárias e fazem doações gigantescas a igrejas, mas com o cuidado de fazê-lo através de doações salpicadas, em que o dinheiro entra em quantias menores e em várias contas abertas pela igreja. Mil aqui, 5mil ali, 10 mil lá... Os pequenos depósitos formarão um todo, de cujo total uma parte mais tarde será devolvida para aquele político que está lavando dinheiro.

Como funciona o esquema todo:

Um político contrata com dinheiro público um serviço qualquer por um valor acima do real. A diferença do valor real para o valor da nota é devolvida para o político. O problema é que o político não pode simplesmente depositar aquele dinheiro na própria conta. Ele precisa legalizar o montante. Como faz? Por exemplo, dá um jeito de fazer o dinheiro entrar em uma igreja. A igreja, por sua vez, devolve a maior parte do dinheiro para o político através da contratação de uma empresa, que normalmente é uma empresa fantasma que pertence ao próprio político ou a algum laranja dele. Costumam ser consultorias, por se tratar de um trabalho cujo valor é difícil de ser mensurado. O pastor (obviamente falo de um pastor que não tem caráter) fica com, vamos supor, 20 por cento daquele montante. Depois contrata algum serviço relacionado àquele político. A título de exemplo, suponhamos que a igreja *Deus Bonitinho* recebeu a tal doação estranha, de um cidadão que lá apareceu muito bem-vestido e deixou uma mala com 100 mil reais. A *Deus Bonitinho* está querendo fazer um serviço de melhoria da infraestrutura de som dentro da igreja. Ela contrata por 80 mil reais a consultoria de uma empresa que dirá como fazer a melhoria. Coincidentemente, a consultoria é de um parente ou funcionário do mesmo político. Uma empresa que, por envolver apenas trabalho intelectual, vai entregar um documento para a Deus Bonitinho por 80 mil reais, quando na verdade este é o dinheiro público que saiu de uma contratação superfaturada.

Na transação ficou uma parte para o pastor. O resto foi devolvido através da contratação de um serviço ligado ao político, que conseguiu viabilizar a trapaça.

Por que é importante saber isso? Porque muitas pessoas no Brasil são iludidas por instituições que se dizem evangélicas, mas na verdade se destinam a arrecadar e lavar dinheiro, além de fazer o controle ideológico dos seus seguidores.

Quando perceber que há algo muito estranho acontecendo na sua igreja, fique com um pé atrás.

Eu sei que é muito difícil pedir para você denunciar a instituição. Porque quem frequenta uma igreja está em busca de convívio. Mas dá para você refletir: "Espera aí, a gente está vivendo uma situação muito complexa, uma pessoa chega ali na frente e deixa uma mala com 100 mil reais?" Reflita mais. Veja se nesta situação complexa não há algo como um relatório da igreja registrando que contratou um serviço de consultoria. Ou que está comprando horas numa emissora de televisão por um valor extremamente alto. Sim, isto também ocorre. As igrejas compram horários de emissoras de rádio ou de televisão a um preço que chega a dez vezes o valor de mercado.

Há vários esquemas para a lavagem de dinheiro. E o mais desesperador é que se trata de dinheiro público, e esse desvio vai ajudar a malbaratar o atendimento à saúde, vai impedir a construção de uma escola no seu bairro etc.

É preciso ficarmos atentos aos esquemas e compartilhar nossos conhecimentos sobre eles.

Sei que é difícil fazer com que esse assunto chegue a uma pessoa que frequenta alguma dessas igrejas. Mas aos poucos conseguiremos levar essas informações para as pessoas. Aos poucos conseguiremos ajudar a purificar a ideia de Igreja de Cristo, que é a de uma igreja que siga e ensine o verdadeiro cristianismo, e que não esteja tão-somente a serviço de pastores corruptos.

Deus não tem culpa

Não sou pastor, mas sou estudioso de teologia e quero muito dialogar com quem acredita em Deus, e até com quem parou de acreditar, sobre alguns pontos do debate religioso na sociedade brasileira.

Antes de começar a discorrer, gostaria de afirmar que acredito em Deus e sou evangélico. Mas ninguém é obrigado a ter a mesma religião que eu ou a acreditar em Deus para ler este livro. Não é um livro de pregações, mas sim é uma crítica à má utilização de Deus e de Jesus pelas religiões.

Não sou contra os evangélicos. Sou um deles, afinal. Em minha opinião, é evangélico aquele que segue o Evangelho de Cristo e não, necessariamente, quem se filiou a uma igreja e a frequenta para ouvir o pastor.

Além disso, considero crente e evangélico coisas distintas. Crente é a pessoa que crê, pode ser na Terra plana, na Terra curva, no seu pastor. Já o evangélico é quem conhece bem o Evangelho e crê nele. O crente também pode também crer no Evangelho, claro. Vale ressaltar, porém, que nem todos os evangélicos são iguais, pois muitos crentes que nunca leram a Bíblia se denominam evangélicos e adotam posturas estranhas e incompatíveis com a Palavra de Deus.

As pessoas que leem o Evangelho têm interpretações diferentes, o que significa que a Palavra de Deus é entendida por modos diversos no que diz respeito à sociedade, à política e aos direitos individuais. Por esse motivo, não se pode jamais generalizar a opinião que temos sobre os crentes.

Apesar de não ser uma autoridade no assunto, como o é supostamente um pastor, não há ninguém que possua uma procuração de Jesus Cristo ou de Deus para falar em nome d'Eles. Diante disso, todos nós, seres humanos e filhos de Deus, podemos falar a respeito d'Ele. O que importa é a intenção: se falamos de Deus para benefício próprio ou para o bem e aprendizado do próximo.

Seguindo esta linha de raciocínio, existem pastores que querem, realmente, pregar o Evangelho pelo bem dos que os ouvem. E existem pastores farsantes, que usam a Bíblia para enriquecer.

Do mesmo modo, há indivíduos bons e ruins em todas as religiões, sejam eles ateus, muçulmanos, umbandistas ou cristãos. Acresço que, para mim, hoje a maioria dos pastores são ruins.

Mas é preciso desconstruir a visão de que todos que frequentam as igrejas evangélicas são, necessariamente, liberais, contra a redistribuição de renda e a favor da teologia da prosperidade. Existem evangélicos progressistas, que são a favor do amor ao próximo e do bem para todos, e são muitos. Por óbvio, há liberais, conservadores e progressistas em todas as esferas da sociedade, inclusive nas igrejas. Julgar que aqueles que participam de alguma forma dessas igrejas e possuem um protagonismo grande na política têm a mesma ideologia é generalizar e radicalizar o debate.

Por ser acadêmico, questionam-me como acredito em Deus se a Bíblia contradiz alguns fatos comprovados pela ciência. Afirmo que acreditar em Deus não está dissociado de confiar na ciência. Não se pode pincelar trechos do Evangelho para desqualificar a existência de Deus e do milagre de Jesus Cristo, como acontece quando se contrasta a afirmação bíblica de que a Terra teria 7 mil anos com os dados científicos. Fazer isso é descontextualizar a Bíblia e repetir as estratégias dos fundamentalistas, buscando nela passagens que lhes convêm, mesmo que não tenham sido escritas para os tempos atuais. A crença é algo de foro íntimo, individual e, por isso, existem os cientistas que acreditam em Deus e os que não. Isso é absolutamente normal.

Tal debate é muito extenso dentro da filosofia e iremos saber a verdade apenas depois da morte. Até lá, cada um pode crer no que quiser.

E O DOM DE LÍNGUAS, VERDADE OU MENTIRA?

Em algumas igrejas, subitamente alguém põe a mão na cabeça e começa a falar coisas que ninguém entende; parece estar "recebendo" uma língua estranha. No templo, chamam a esta capacidade "dom de línguas". O que seria isso?

É preciso voltar no tempo para encontrar a resposta.

Os historiadores da bíblia (mais do que os fiéis, o que nos leva para além da fé) contam que em certo momento da história os cristãos se relacionaram com pessoas de línguas diferentes. E para pregar a palavra de Deus receberam do Espírito Santo a capacidade de falar outras línguas.

Para que as coisas fiquem mais fáceis de entender, imaginemos que hoje alguns brasileiros tenham contato com um profeta chamado Jesus. Recebem dele seus ensinamentos e, depois, a responsabilidade de pregar o evangelho para todos os seres da Terra. Eles então convocam um grande encontro na Europa. Lá encontram franceses, alemães ingleses, italianos etc. E pensam: como pregar-lhes o evangelho se não entendem nossa língua? O Espírito Santo os tranquiliza, diz que lhes vai ensinar todas as línguas do planeta. Nesse momento, o poder do Espírito Santo desce sobre aqueles pregadores, que passam então os ensinamentos de Cristo para os estrangeiros.

Esta foi, claro, apenas uma forma de explicar o que é o dom de línguas.

Nos tempos de Jesus a cultura predominante era a pagã, dos gregos, que jamais teriam capacidade de disseminar o evangelho para outros povos sem o mencionado dom.

Conto tudo isso para denunciar as falsidades que se praticam hoje nas igrejas com base nos fatos acima mencionados. É importante salientar que, com isso, não estou, sob hipótese alguma, contestando o poder do Espírito Santo ou o dom de línguas.

Pensemos o seguinte: o dom de línguas é a capacidade, concedida pelo Espírito Santo, de se falar línguas estrangeiras, *mas conhecidas ou existentes*, com o intuito de levar o evangelho para além de uma fronteira linguística, para todo o mundo.

Entretanto, o que faz hoje o indivíduo citado lá no começo deste texto? Inspirado em outras pessoas que fizeram o mesmo antes dele, coloca a mão na cabeça e começa a fazer barulhos, a dizer coisas sem sentido, sem significado nenhum, em nenhuma língua do mundo. Diz, por exemplo, "O xalabra cantra...". Nem ele nem ninguém compreende o que é dito.

Por que faz isso?

Ele o faz porque, quando se manifesta assim dentro de uma igreja, sobe de patamar. Passa a ser incluído entre os que "falam línguas", como se fosse o funcionário de uma empresa que fala inglês. Não é difícil perceber: pessoas assim são farsantes, estão apenas buscando destaque social. Dizer "O xalabra cantra..."ou qualquer algaravia não constitui nenhum dom de línguas.

Ouvi a história de um pastor brasileiro que chegou à França sem saber falar francês e, em dois dias, aprendeu a língua, comunicou-se perfeitamente com os estrangeiros e pregou o evangelho. Não sei se o fato é verdadeiro, mas isto representaria um dom de línguas *real*.

Em alguns dos casos (que são exceções) destes que pensam estar falando outra língua nas igrejas, ocorre uma espécie de alucinação, uma espécie de transe em que o indivíduo realmente acredita estar recebendo o dom. Mas na maioria dos casos estamos falando de pessoas dissimuladas, que sabem que o teatro que estão fazendo melhora seu status dentro de sua comunidade. Querem, simplesmente, se promover.

Imaginar que o Espírito Santo seria tão tolo a ponto de fazer uma pessoa falar sandices sem sentido, algo não inteligível nem para quem fala, nem para quem ouve, nem para o próprio Espírito Santo, isso é pura estupidez.

A fé pode levar-nos, por este caminho, à idiotice ou ao teatro da ganância.

Em contrapartida, fé associada à inteligência, ao entendimento pode nos conduzir ao caminho mais próximo de Jesus Cristo e de Deus, que é o evangelho.

Afaste-se da sua igreja se ela o está enganando, fazendo-o de estúpido. E leia a bíblia. Peça orientação para o Espírito Santo.

“Deus mandou dizer!” - O segredo dos adivinhos

Em algum momento da vida, com algum problema pessoal ou na família, muitas pessoas procuram uma igreja. No primeiro encontro com o pastor, sem conhecê-las nem saber nada de sua vida, ele sabe definir exatamente que problema é esse.

Sem negar que existam fé e dons espirituais, posso assegurar que há técnicas utilizadas por impostores para descobrirem o problema de homens e mulheres, com a intenção de transformá-los em dizimistas eternos, que ajudarão a enriquecer a igreja. Obviamente não me refiro a pastores verdadeiros, mas a impostores.

Tais pastores costumam começar a conversa com o aflito recém-chegado afirmando:

– Deus me disse que você está com um problema familiar.

Em outros casos dizem:

– Deu me disse que alguém nesta igreja está com o problema X.

Claro, entre tantas pessoas sempre haverá alguém com o problema X.

Também há situações em que uma pessoa se aproxima do pastor e este, após observá-la por um tempo, descobre o que está passando. Como consegue fazer isso? É um adivinho?

Vamos lá. A primeira técnica utilizada é o "efeito granada", que se baseia na utilização de anseios que são comuns a todos dentro do templo.

Normalmente, quando as pessoas procuram a igreja, não estão ali porque querem glorificar a Deus ou agradecer a Ele por algo que deu errado, ao contrário: elas buscam via de regra o enriquecimento, a cura de doenças ou atingir um objetivo específico, como passar no vestibular. Ou seja, existem perfis definidos entre os fiéis, que são estudados pelos pastores para utilizar o efeito granada.

Alguns exemplos. Para saber o que levou um jovem de dezoito anos à igreja, basta examinar a forma como se veste para identificar se procura casamento ou se é um nerd que deseja obter sucesso nos estudos. Um indivíduo muito bem trajado, de peito estufado, deve ser um empresário em busca de enriquecimento. Alguém humilde, cabisbaixo, provavelmente tem um problema de saúde na família.

O corpo fala, e vários cientistas, como Paul Ekman e David Liberman, estudam isso. Tais estudos são usados pelos impostores para tomar dinheiro dos incautos nas igrejas.

O efeito granada, portanto, consiste em um impostor estudar um problema comum aos fiéis das igrejas e aprender a reconhecê-lo nos indivíduos.

O processo começa pela pesquisa das expressões a partir de uma afirmação. O pastor afirma que um anjo lhe disse que alguém no templo tem um familiar com câncer. Depois examina as expressões dos fiéis e mapeia a audiência. Logo descobrirá quem se encaixa no perfil. Normalmente quem tem um pai ou um filho com câncer está enfraquecido, humilde, por que veio em busca de uma cura.

Da mesma forma saberá quem reage à afirmação de que alguém ali iniciou um negócio e dará muito certo. Ou estudará a feição dos jovens ao falar de amor, vestibular etc.

Ou seja, o pastor joga a granada e aguarda: quem vai reagir? Dentre os que exprimem reação, faz uma análise de suas expressões faciais e posturais.

O impostor não é bobo. Depois de mapear os indivíduos, de avaliar suas respostas às suas afirmações, vai até eles e exerce seus falsos poderes de adivinho. Para uns fala que Deus lhe disse que têm problemas na família, para outros, que seus negócios vão dar muito certo. E a todos conta que Deus também lhe disse que participarão das campanhas da igreja e encontrarão o sucesso ou a libertação. As pessoas entram em êxtase. Não revelaram nada ao pastor e ele adivinhou seus propósitos ou problemas. Não sabem que falaram com o corpo, com a postura, ao reagirem à granada lançada pelo pastor.

Quem ignora que tais impostores usam técnicas científicas bem estruturadas, acredita em seus poderes de adivinho e não deixará mais de dar dinheiro ao impostor. É desta forma que tantos desses farsantes estão por aí comprando jatinhos, iates e outras coisas caríssimas.

Utilizam-se da mentira e do trabalho daqueles que, normalmente, vão à igreja para fazer algum tipo de barganha com Deus.

Divulgue para os outros esta técnica dos impostores e leia os livros de Elkman e Liberman. Leia também "O Corpo Fala", de Roland Tompakow e Pierre Weil, um livro fácil de ler que vai ajudá-lo a desmascarar a mentira de muitos líderes de igrejas.

Jesus, o gay, o criminoso e a política

Muitas pessoas têm aversão a ouvir alguém do campo progressista falar sobre Jesus. Isso acontece porque diversos progressistas estão decepcionados com os religiosos, principalmente em função da atuação de algumas igrejas no Brasil.

Somos um país cristão gigantesco; ignorar a existência de Jesus Cristo no coração das pessoas é ignorar o contexto em que vivemos. Entretanto, há de fato problemas no cristianismo praticado por tais igrejas.

Em primeiro lugar, estas instituições mostram intolerância contra aqueles que cometem crimes e contra pessoas que têm uma orientação sexual diferente da que se arbitrou como sendo a padrão. Em segundo lugar, manifestam intolerância ao criar dois eixos políticos: o de Jesus e o do Diabo.

Todos nós, em alguma etapa da vida, buscamos endossar nossa fala com a palavra de alguém que consideramos ser maior que nós. Isso acontece, principalmente, quando somos crianças e, ao contar alguma coisa, dizemos ao final "Foi meu pai que disse!", para ganhar credibilidade. Apoiamo-nos em sua autoridade para ser respeitados.

Infelizmente, algo semelhante tem acontecido com a religião. As pessoas estão pervertendo as palavras de Jesus e manchando o cristianismo para endossarem seus desejos obscuros e concepções próprias, que acreditam serem certas. Sabem que para firmar sua opinião necessitam de um nome com maior autoridade.

Atualmente no Brasil temos dois eixos políticos. Um deles é o conservador, que é contra a liberdade sexual, entre outras liberdades. Ele reproduz uma intolerância muito grande ao crime, algo que é absolutamente normal entre nós. É possível compreender a origem deste preconceito. Quando se é vítima de um crime ou se tem algum parente ou amigo que o é, passa-se a querer a condenação dos criminosos que nos traumatizaram. Por conta disso, é muito complicado discutir com alguém que manifesta tal intolerância.

Não quero alegar que temos de ser coniventes com o crime. Desejo apenas refletir sobre os limites da utilização do nome de Jesus Cristo para endossar aquilo que se pensa a respeito do crime, do criminoso, dos gays ou de um eixo político.

Jesus não veio à Terra para abraçar as pessoas perfeitas. Veio porque existiam os que precisavam de instrução, porque a humanidade estava doente e carecia de uma cura. Ou seja, se você é perfeito, Jesus Cristo não veio por sua causa, mas para ajudar aqueles que você tem perseguido – o homossexual, por exemplo.

Se a homossexualidade realmente vai contra os ensinamentos de Deus, Jesus virá para acolher estas pessoas. Por isso, é desnecessária, do ponto de vista do cristianismo, uma atitude radical de desrespeito aos homossexuais, com lutas contra leis de igualdade e confronto direto com estes seres humanos.

Jesus, Todo Poderoso, não precisa deste posicionamento intolerante para que seus ideais sejam defendidos.

O mesmo se aplica ao criminoso. Particularmente, defendo que os que cometem crimes, principalmente os violentos, sejam punidos. Porém, não posso usar Jesus Cristo para justificar minha intolerância. Ele não veio por minha causa, mas sim por causa do criminoso. Não veio para pedir punição, cadeia ou a pena de morte para os criminosos. Jesus veio para resgatá-los.

Quando se parte para o radicalismo e defende-se que os que estão fora do que se considera a linha correta devem ser punidos e destruídos, não se está seguindo uma ideia compatível com a proposta de Jesus Cristo. Portanto, é muito errado utilizar o nome d'Ele para endossar tais discursos. Obviamente, uma pessoa pode ter ódio ao criminoso e preconceitos contra homossexuais, mas não pode, sob hipótese alguma, usar Cristo como endosso para suas intolerâncias. Alguém que permeia seus preconceitos com conceitos do cristianismo é covarde com Jesus e produz um trabalho oposto ao da evangelização.

O trabalho de evangelização consiste em levar o ensinamento de Cristo para os outros e conquistá-los, para que tenham seu coração tocado pela religião e a sigam. Já o radicalismo distancia as pessoas de Jesus.

Na contramão dos comportamentos mencionados, há no país uma tendência crescente ao repúdio a Jesus Cristo, por conta do posicionamento e ações de hipócritas que se dizem representantes d'Ele.

Outra coisa absurda é afirmar que o político liberal representa os interesses de Cristo. Qualquer um tem o direito de ser liberal, de mostrar-se radicalmente contra a redistribuição de renda e a assistência aos mais pobres, mas por respeito à proposta da vinda de Cristo à Terra, não se pode usá-Lo para endossar este posicionamento político. Os liberais defendem a ideia de que a liberdade econômica fará com que todas as pessoas se esforcem mais e, graças a isso, conseguirão muito mais do que têm. A noção poderia até estar correta, mesmo assim não teria nenhuma compatibilidade com o cristianismo.

Esta religião admite a existência dos mais fracos, dos que não têm condições de conquistar coisas básicas por meio do mérito, como o pão de cada dia. Por isso, as políticas de redistribuição de renda são as que mais se compatibilizam com o cristianismo.

Para concluirmos, Jesus Cristo foi um dos primeiros socialistas da história.

Dito isto, ninguém é obrigado a ser socialista. Entretanto, não se pode conceber a ideia de um Jesus contra o socialismo, a redistribuição de renda e a assistência aos mais pobres. É absurdo. O discurso de um Cristo antissocialista faz um trabalho negativo para a evangelização, pois esta pretende levar ao mundo a verdade a respeito d'Ele. Desta forma não apenas se esconde a verdade, como propaga-se a ideia de um Cristo distorcido. Ou seja, quando se usa o nome d'Ele para endossar desejos obscuros, se está apresentando o demônio para as pessoas com o nome de Jesus. Sim, o demônio, pois em vez de querermos resgatar as pessoas, desejamos matá-las; em vez de ajudar os que estão em dificuldades, queremos simplesmente retirar-lhes todo tipo de assistência social, para que ou consigam ficar ricas por meio do mérito, ou morram de fome e doença.

A situação brasileira anda tão complexa que alguém que não é liberal é pré julgado pelos mais ricos, pelos empresários e, até mesmo, pelos mais pobres, que atualmente não apoiam a assistência à sua própria classe. Repito: não há nada de errado em ser liberal, mas usar Jesus Cristo pra fundamentar o liberalismo é uma covardia contra um homem que veio à Terra e morreu numa cruz para deixar uma mensagem. Utilizar a mensagem d'Ele para abarcar o posicionamento político liberal é distorcê-la.

SEXO E DEUS - QUAL O PROBLEMA?

Falar sobre sexo e Deus sempre foi, e continua sendo, um tabu em muitas igrejas. O assunto virou, inclusive, objeto de uma campanha da ministra Damares.

Toda instituição, seja ela igreja, seja banco ou supermercado, tem uma finalidade. As falsas igrejas têm o objetivo óbvio de captar dinheiro e, além disso, manter seus clientes.

Pensemos. Na nossa sociedade, o sexo antes do casamento incomoda mais aos pais do que o filho se tornar, por exemplo, usuário de drogas pesadas. Tal visão é oriunda do aparato social, que vê o sexo como algo ruim. Trata-se de um tabu, e as igrejas conseguem se utilizar dele para ganhar dinheiro. Infelizmente, o governo Bolsonaro também o utiliza para ganhar popularidade.

O tabu já mostra suas garras quando pensamos na vida daqueles que nos são mais queridos: nossos filhos. Ao imaginamos que estão frequentando um ambiente no qual serão distanciados da ideia de fazer sexo antes do casamento ou de fazer sexo inseguro, batemos palmas.

Se um filho começa a frequentar uma igreja e passa a ter orientações que o distanciam de coisas que incomodam os pais, como o sexo, estes o incentivarão a seguir pelo caminho religioso. Com isso, a igreja consolida um de seus objetivos, que é a permanência do cliente.

Nesse espectro, surgem dois grupos de jovens: um que realmente abraça a abstinência sexual por causa das orientações da igreja; outro que, devido à timidez, não consegue ter relações sexuais. Tais grupos passam a se sentir superiores às outras pessoas. Formam um conjunto seleto que consegue se afastar da prática sexual antes do casamento.

Em contrapartida, fora da igreja acontece o contrário. Lá às vezes o jovem é louvado, por exemplo, por conseguir fazer sexo com várias garotas.

A questão sexual encontra uma resposta diferente em cada cultura. O que podemos notar, atualmente, através da cultura da música, é que fora das igrejas os jovens são incentivados a consumir álcool e a praticar sexo. Exatamente o oposto do que ocorre dentro dos templos.

Os pais, como vimos, preferem que seus filhos fujam de sexo e álcool e se mantenham sob a proteção da igreja.

Entretanto, os obstáculos criados pelas igrejas acabam produzindo um conceito negativo sobre o sexo, sobre algo que é da natureza do ser humano. Se não fizéssemos sexo, a própria humanidade deixaria de existir.

A questão é que, para captar mais e mais dinheiro, a igreja desenvolveu um sistema de culpa perpétua.

Sabe-se que é praticamente impossível que alguém consiga seguir à risca o comportamento sexual preconizado nos templos. Desta maneira, quem pula a cerca moral erguida pela religião sempre carregará o peso da culpa, mesmo em idade avançada e/ou em profunda viuvez: a religião nos leva a acreditar que um erro no comportamento sexual, ainda que remoto, nos condena ao inferno.

É esta estratégia de acumulação de culpas irremovíveis que leva os fiéis a permanecem na igreja, doando todo seu dinheiro a ela, ignorando as necessidades de seus descendentes, para tentar reparar o "erro".

O sexo é um tabu perfeito para incutir culpa nos fiéis, já que recorrentemente pecarão. A ideia surgiu na Igreja Católica; ela sabia que é possível convencer uma pessoa a parar de roubar ou de matar, mas é pouco provável que se a convença a parar de fazer sexo.

Os monges constituem um modelo impiedoso de correção no que diz respeito ao sexo, por sua suposta abstinência. As pessoas acreditam que eles viviam só para Deus. Mas, obviamente, isto é uma falácia: documentos históricos provam que existiam túneis entre monastérios e conventos para que padres e freiras pudessem manter relações sexuais. Além disso, mostram que havia locais específicos onde eram enterrados os bebês que nasciam dessas relações.

A noção de que sexo é pecado é propagada, também, pelas igrejas evangélicas de Malafaia e Feliciano. Como a Igreja Católica, que perpetua a ideia de que, por causa do pecado original, a humanidade está condenada eternamente à culpa, os evangélicos mantêm seus fiéis com essa narrativa férrea.

O sexo se consagrou como um dos maiores pecados humanos, mesmo que não haja menção a ele na parte do Evangelho que traz os ensinamentos de Jesus.

Um dos danos de se colocar o sexo como algo extremamente maligno perante Deus é fazer com que a pessoa que tem fé evite esta prática ou a tema. Freud demonstrou que bloquear os impulsos sexuais gera problemas psicológicos gigantescos a longo prazo. A igreja faz o contrário do que recomenda Freud e edifica bloqueios à nossa própria natureza, ameaçando-nos com a imagem de Deus proibindo a prática sexual. Isso acarreta, em certos casos, autoflagelo após a relação sexual. Há pessoas que se chicoteiam para expiar a culpa.

Até jovens na idade em que os hormônios estão em alta se negam à prática sexual, por acreditarem no que lhes diz o pastor... Os fiéis bloqueados desenvolvem problemas psicológicos fortíssimos por conta desta privação. Isso culmina em casos relatados de crentes que chegam à meia idade e desistem da possibilidade de ter uma vida uma vida conjugal. Afinal, a realidade é sempre muito diferente de sua expectativa religiosa.

Um psicólogo do século XX utilizava um vibrador para resolver o problema de depressão de mulheres. Elas estavam deprimidas porque os maridos as tinham abandonado e desenvolveram doenças psicológicas em função da abstinência sexual. O psicólogo que resolveu o problema delas foi muito perseguido por lidar com tamanho tabu.

Mesmo assim, com medo de que seus filhos cheguem ao extremo de participar de orgias, muitos pais os colocam no caminho fanatismo. Isso priva os adolescentes de terem um relacionamento e uma vida sexual saudáveis. A frustração constante causada pelo fanatismo pode, além do mais, fazer com que se tornem, ao longo da vida, pessoas extremamente infelizes.

Então, é Natal

Segundo a Wikipédia, "anticristo" é uma denominação comum no Novo Testamento para designar aqueles que se opõem a Jesus Cristo.

No ano de 1995, a Polygram Music lançou no Brasil o CD "25 de dezembro". Essa iniciativa da gravadora multinacional vendeu cerca de 3 milhões e meio de cópias. Do total de 11 músicas, o CD possui 10 canções que remetem ao espírito de Natal, mas nenhuma delas perpetuou-se na cultura natalina brasileira como a que pode ser considerada obra do anticristo. Por ironia, a música "Então, é Natal" é repetida incansavelmente, ano após ano, nas lojas que pretendem despertar em seu ambiente o mágico espírito natalino. Alguns lojistas parecem tocá-la com o intuito de agradar a Deus, mas, com isso, vendem mais. Como se não bastasse, a música faz parte do repertório de milhares de famílias brasileiras.

Ao contrário do que inocentemente se imagina, a canção não fala da magia do Natal, mas sim acusa todos os cristãos de serem hipócritas, assassinos e egoístas. Simone, dona da voz que popularizou a música no Brasil, já tinha conhecimento disso e, indo além, aprofundou a crítica na letra da versão brasileira. Existe melhor forma de ironizar o cristianismo do que lembrar cidades não cristãs, como Hiroshima e Nagasaki, bombardeadas pelos Estados Unidos, o maior país cristão do mundo?

Pode parecer uma teoria da conspiração, mas para entendermos melhor o que digo precisamos nos voltar para o autor da música. John Lennon, que compôs a faixa traduzida por Simone, não bebia sangue, não sacrificava pessoas nem acreditava em alguma entidade maligna. Porém não era religioso e não acreditava em Jesus Cristo como nosso Salvador. Logo, John Lennon era anticristo.

Isso pode ser comprovado em outra música de Lennon bastante conhecida, "Imagine". Ela se inicia com o cantor pedindo para que os ouvintes imaginem que não há paraíso, ou seja, que a Bíblia é uma mentira, pois se o paraíso é a promessa bíblica de vida com Deus após a morte e este não existe, a promessa é mentirosa. Em seguida, afirma que imaginar isso é fácil, tentando convencer quem ouve a música a abandonar sua fé. E continua a contestar a Bíblia afirmando que não há inferno abaixo de nós e que, acima de nós, há apenas o céu sem Deus.

"Imagine", porém, não é somente uma crítica às religiões. A obra também fala sobre política, pois faz um protesto às guerras e sugere que todos os seres humanos são iguais. Segundo Lennon, o cristianismo é o culpado pela maioria das mortes de pessoas no mundo.

No momento em que Lennon escreveu "So this is Christmas" ("Então, é Natal" na versão brasileira), os Estados Unidos da América, maior país cristão do mundo, estavam em guerra contra o Vietnã que, assim como o Japão, não é um país cristão. Vários historiadores afirmam que a discórdia foi criada com o intuito único de aquecer o comércio de armas. Os Estados Unidos nunca venceriam a guerra, uma vez que ela não era para ser vencida, mas sim mantida.

Mesmo sabendo da existência da guerra, que matou milhares de vietnamitas e estadunidenses, o povo dos EUA, de maioria cristã, se fazia de indiferente e a deixava acontecer. Nesse cenário, Lennon escreveu o protesto, que pode ser resumido assim: "Enquanto você senta seu traseiro gordo diante da mesa para se fartar neste cínico Natal, o povo morre, simplesmente porque você não faz nada para parar o seu governo assassino".

A partir daí, e sabendo a visão do autor sobre Jesus Cristo, podemos compreender a música que cantamos desde 1995. Como ela foi traduzida do inglês, é natural que algumas palavras sejam diferentes da versão brasileira.

"So this is Christmas" começa com um questionamento: "Então, isso é Natal?". Lennon a inicia classificando como fútil a comemoração do nascimento de Cristo e desmerecendo os cristãos. Apenas isso já é o suficiente para deixar clara a intenção do autor. Com o próximo verso, "E o que você fez?", ele faz a primeira crítica/sátira ao povo cristão. Este, que deveria dar exemplo de amor, por questões culturais está sempre concentrado em ganhar dinheiro, impressionar o vizinho com um carro novo e jamais dedica um tempo a pensar no próximo.

"Outro ano que chega ao fim" questiona se os cristãos fizeram algo bom durante os outros 364 dias do ano, se agiram com o objetivo de orgulhar Jesus Cristo. O compositor, com isso, coloca em dúvida a sinceridade dos religiosos.

Na repetição de "E então isso é Natal?" há um claro tom de revolta, misturada a uma cobrança. O verso nos situa como pessoas mentirosas, como se o Natal fosse uma campanha política, ou seja: os cristãos fazem de conta que são bons, caridosos e que amam ao próximo, mas, assim como os políticos, têm um comportamento e um caráter não vai além de promessas.

Ainda irônico, Lennon diz "Espero que você se divirta", numa clara acusação à insensibilidade do povo que crê em Cristo, pois enquanto comemora a fartura numa festa fundamentada na caridade, muitos de seus irmãos morrem ao seu lado por falta do que comer. É capaz de fazer vista grossa para comemorar um mentiroso amor fraternal.

A seguir, o cantor afirma que a celebração deveria ser feita com o "O próximo e o querido". Um verso que coloca em prova a fé cristã, ao questionar se o ouvinte consegue amar aquele que não é seu parente, amar alguém que anda pela rua precisando de ajuda. Segundo Lennon, o ouvinte não é digno de comemorar uma festa cristã, já que sequer pratica os ensinamentos de Cristo.

Ao longo da canção, Lennon desafia várias vezes os princípios cristãos, pois condena a exclusão de antigas religiões e costumes pagãos, além de criticar a não aceitação do casamento gay e outras modernidades que, supostamente, vão contra a vontade de Deus. Apesar de todas as avaliações negativas do cristianismo, a música deseja um "Feliz Natal", embora seja óbvio que aquele não é um momento feliz para todos.

Outro resumo da canção: "Espero que sua consciência não lhe cobre a pessoa ruim que você foi durante todo o ano e que, mesmo assim, consiga mentir para si mesmo e desfrutar o seu Natal".

Segundo o músico, os cristãos, normalmente, fazem uma espécie de teatro mentiroso no Natal, ao fingirem ser amáveis e caridosos, mas durante o ano se tornam capitalistas e hostis. Causam medo. Lennon sutilmente acusa os cristãos de, ano após ano, criarem guerras e mais guerras para enriquecer, à custa de muitas mortes. A existência da religião, fato que se acentua no Natal, é tida pelo cantor como uma fraqueza da humanidade. Para os espertalhões, porém, isso é um prato cheio.

Pode-se aplicar o que a canção diz aos dias de hoje, quando chefes religiosos usam o Santo Nome de Deus para enriquecer, incentivar guerras e, principalmente, para se elegerem a cargos públicos, sem nada retribuir para a humanidade.

Penso que John Lennon era contra os cristãos porque os generalizou, usando como exemplo os maus cristãos. É fato que a canção representa um forte desrespeito a todo bom cristão e isso me revolta, pois, para mim, ele disse: "Deixe de ser mentiroso e pare com essa coisa de Natal". É como se me mandasse parar de comemorar o Natal para comemorar o Holocausto.

A crítica de Lennon é voltada para o povo cristão dos Estados Unidos, que endossa as guerras promovidas por seu governo. Entretanto, podemos fazer um paralelo com a condução de políticas de morte no Brasil.

Nosso povo assiste pela TV à morte de seus irmãos, em programas que promovem a espetacularização da perseguição aos "bandidos". Estes são, na verdade, vítimas da desigualdade social no país.

Até 2010, nosso governo se mostrava impotente no combate ao tráfico de drogas no Rio de Janeiro. Isso acontecia mesmo com os gastos, dispendidos pelas Forças Armadas, de cerca de 60 bilhões de reais por ano, além dos custos das 328 mil tropas ativas.

Em novembro de 2010, porém, uma operação conjunta das Polícias com as Forças Armadas finalmente tomou conta das favelas do Rio. Pela primeira vez na nossa história, os políticos perceberam que o turismo e o superfaturamento de obras públicas poderiam ser mais lucrativos do que a criminalidade.

Tendo isso em vista, mais as críticas de Lennon, podemos refletir sobre as palavras de Mahatma Gandhi, que não discriminava pessoas nem religiões: "Se queres mudar o mundo para o bem, comece a mudança em você".

Religião e Política: o oportunismo dos líderes religiosos

O Professor Julio Valadares encontrou uma forma de explicar por que não se pode misturar religião com política. Ele aponta para a hipocrisia de um pastor quando deixa de falar de Deus em um altar e passa a utilizá-lo como palanque religioso, seja para apoiar um candidato de esquerda, seja de direita. Não apenas porque a nossa Constituição o proíbe, mas pelo simples fato de que praticamente todas as igrejas do mundo foram construídas pelo suor de gerações de trabalhadores, que jamais disseram ao seu pastor em quem deveria votar.

O raciocínio é poderoso. Um líder religioso orientando as pessoas num templo que jamais conseguiria construir com dinheiro do próprio bolso, está apenas tirando vantagem da igreja. Esta foi construída com o suor e o sangue de trabalhadores que, provavelmente, jamais concordariam com aquilo que ele prega ao se afastar da mensagem de Deus.

Se um padre ou pastor usa um microfone e uma caixa de som que não pagou, a eletricidade que não vai sair de seu bolso, para professar exclusivamente sua própria opinião, está desvirtuando o templo.

Uma sociedade religiosa se uniu para construir uma igreja, com o único propósito de que se pregue ali o Evangelho. Porém, depois que a obra está pronta, surge um oportunista de fora e negocia com o líder religioso (que não investiu um centavo seu na empreitada) para trabalhar para um político específico.

A questão da laicidade do Estado não é puramente constitucional, é também ética. Vejamos. Aqueles que construíram as igrejas e já se foram, os nossos antepassados, não estão mais presentes para dar a opinião deles a respeito de política. O líder religioso pode ter seu ponto de vista, mas usar a estrutura construída por uma sociedade ao longo de milhares de anos para alavancar este ou aquele candidato é uma hipocrisia que deveria constituir crime.

Por isso, Valadares defende o ensinamento do livro sagrado como legado dos pósteros, seja ele a Bíblia Cristã, seja a Torá ou o Alcorão. Qualquer que seja a religião, seus templos devem ser utilizados em conformidade com o que foi pensado pelos que o construíram. Utilizar estes templos para fazer política é desvirtuar esse propósito.

Os grupos que compõem as igrejas

A população que frequenta as igrejas neopentecostais pode ser divida em, pelo menos, três grupos.

O primeiro destes é composto por grandes pilantras. Pessoalmente, tive contato com este grupo logo após minha sogra falecer. Ela frequentava a Igreja Batista da Lagoinha, junto com meu sogro, e, poucos dias após seu falecimento, minha esposa Jenniffer recebeu ligação de uma mulher que se identificou como advogada e pastora da referida igreja. Esta começou a listar as regras de partilha do imóvel que foi deixado pela minha sogra. A própria Jenniffer, porém, já havia declarado que não tinha interesse em realizar tal procedimento, pois a propriedade seria deixada para o meu sogro até o final de sua vida.

Com isso, a advogada e pastora da Lagoinha passou a fazer afirmações completamente mentirosas em relação ao Código Civil, a fim de atemorizar Jennifer e coagi-la a prosseguir com a partilha do imóvel. Em certo momento, Jenniffer perdeu a paciência, disse que já tinha advogado e que não iria mais falar sobre o assunto. A partir disso, o tom da conversa mudou. A pastora, com o objetivo de criar um litígio em uma situação em que não havia conflito, ressaltou, aos gritos, seu papel dentro da igreja e afirmou, veementemente, que minha esposa estaria desrespeitando seu pai. Jenniffer é filha única e a intenção dela era doar o imóvel para o pai, mas aquela mulher tentou criar uma briga entre pai e filha, pois era do interesse da pastora e advogada que houvesse um conflito por conta do imóvel deixado. Com o litígio estabelecido, a advogada conseguiria obter uma quantidade expressiva de dinheiro para dar seguimento ao processo, ou seja, estava tentando induzir uma família a brigar para abrir um processo judicial.

Depois desta ligação, entrei em contato com a Igreja Batista da Lagoinha e descobri que aquela senhora não era pastora, mas estava sob supervisão de uma pastora que era responsável pelos idosos da comunidade.

A partir deste fato, cheguei à conclusão pessoal de que as igrejas possuem ministérios de idosos, nos quais algumas criaturas agem como urubus, esperando as mortes para tomar parte do patrimônio dos fiéis. Reafirmo, esta é uma percepção individual baseada em minha experiência, portanto pode não ser compatível com todas as instituições cristãs. Este tipo de membro, porém, que está dentro das igrejas para tentar tirar vantagem de idosos ou de pessoas sensibilizadas, faz parte de um grupo específico.

O segundo grupo é formado por criminosos, que usam as igrejas para esconder sua personalidade perversa. A partir do momento em que um estelionatário ou um estuprador, por exemplo, começam a frequentar a igreja, esta tenta passar a ideia de que o criminoso sofreu uma mudança pessoal e se apoia nisso para começar a apresentá-lo como uma pessoa do bem.

O terceiro e último grupo representa uma pequena parcela que vai às igrejas na esperança de procurar Deus, porque está com algum problema, como um familiar doente ou o fim de um relacionamento, entre outros. Em resumo, este último bloco é composto de gente que busca a fé para ser socorrida e está sendo enganada. Entretanto, devido à sua ingenuidade, são pessoas melhores do que charlatões como Silas Malafaia.

O segundo grupo se abriga na igreja para esconder um passado nebuloso e para aproveitar a suposta autoridade gerada pela imagem de crente, com a qual buscam enganar os outros fiéis. Nisto equipara-se ao primeiro grupo, uma vez que ambos são compostos de seres tão ruins quanto Malafaia.

O PERIGO DAS IGREJAS NESTE MOMENTO

O site da UOL[1] publicou a seguinte notícia:

"Evento fechado em igreja evangélica espalha coronavírus por toda a França."

"Até 18 de março, apenas cultos por streaming", diz a página inicial do site da igreja evangélica The Christian Open Door, local de culto no popular distrito de Bourtzwiller, em Mulhouse, cidade francesa na fronteira com a Alemanha. Segundo informações do jornal Le Monde, a instituição pede que os fiéis não entrem na igreja e se conectem ao Espírito Santo de sua casa, através de uma tela de computador.

Essa igreja pentecostal - um ramo do protestantismo - foi identificada no início de março como uma importante fonte de contaminação pelo coronavírus. O Covid-19 se espalhou de Cotentin (Norte da França) para a Córsega e Guiana Francesa, depois que mais de 2.000 pessoas (incluindo cerca de 300 crianças)

---

[1] Disponível em <https://noticias.uol.com.br/ultimas-noticias/rfi/2020/03/10/evento-fechado-em-igreja-evangelica-espalha-coronavirus-por-toda-a-franca.htm> Acesso em 28/05/2021.

vindas de toda a França, inclusive do exterior e de países vizinhos como Suíça, Bélgica e Alemanha, reuniram-se no templo, de 17 a 24 de fevereiro, como parte da "Semana de Jejum e Oração."

Trata-se de uma questão crucial. Frequentar uma igreja não nos liberta da contaminação por coronavírus. Deus é um guia para nossas mentes e atitudes; não uma vacina para o corpo. É preciso ter responsabilidade.

O LADO BOM DA IGREJA

1. O Contexto

Quem conhece o meu trabalho sabe que tenho trazido a público toda sorte de distorções e picaretagens praticadas nas igrejas. E que ainda não havia falado sobre a parte positiva destas instituições. Neste livro me dedicarei também a isto, uma vez que, obviamente, há muitas coisas boas relacionadas ao tema, que é complexo e dinâmico.

Se no livro anterior, "O segredo da Fortuna", também lançado pela Kotter, falei das igrejas com i minúsculo, aqui abordarei, entre outros temas, alguns aspectos das igrejas com I maiúsculo.

Para quem acredita nestas últimas, não há o que se discutir a respeito de Deus. Quem tem fé verdadeira, sabe que Deus e Jesus Cristo são inquestionáveis. E que, portanto, não existe uma diferença entre Igreja Católica, Batista, Presbiteriana etc.

Todas fazem parte de uma igreja só, a Igreja de Cristo, que não tem nenhum tipo de vaidade e não se enverga, não se submete às falcatruas dos pastores que são donos de instituições religiosas com fins financeiros.

Antes de falar dos aspectos positivos da Igreja com I maiúsculo, permitam-me contextualizar a situação atual do mercado da fé, abordada no livro anterior.

Quando faço críticas à igreja com i minúsculo, há quem pense que tenho preconceitos contra os evangélicos. Em hipótese alguma. Para mim, o evangélico é aquele que acredita no evangelho de Cristo, acima de todas as divisões e distorções praticadas por vivaldinos. Este evangélico merece todo nosso respeito e consideração.

Eu sou cristão e, como cristão, sou evangélico, uma vez que não existe cristão que não o seja. Cristo não nos deixou a Igreja Católica, como não nos deixou as igrejas protestantes. Ele só nos legou o evangelho. E mesmo assim de forma indireta, porque este foi escrito por pessoas que narraram o que Ele disse. Lembremos ainda que poucas coisas no evangelho são registros de quem conheceu Cristo pessoalmente.

Para se dar uma ideia de como a Bíblia é uma obra que foi feita e selecionada pelos seres humanos. Como já aludi na introdução deste livro, os livros redigidos pela mãe de Cristo não foram incluídos nela. Isto se deveu a algum motivo político, talvez porque falavam de coisas que iam contra os interesses daqueles que decidiram o cânone, ou seja, o conjunto de escritos que comporiam a Bíblia.

A visão segundo a qual a Bíblia é o livro de Deus é enganosa. Ela pode ser uma obra inspirada por Deus, mas escrita pelas mãos dos homens. Foram os homens também, pessoas como eu e você, que se sentaram a uma mesa e decidiram quais livros fariam parte da Bíblia.

Estou desmerecendo a Bíblia? Não, de forma alguma. O que estou querendo dizer é que a Bíblia também precisa ser questionada, tanto por causa dos livros que foram excluídos dela (os de Maria e os de Enoque, como já mencionei, entre vários outros), como pelo fato de não haver nenhuma peça da Bíblia original presente na Terra. É preciso perguntarmos então: por que se acredita que a Bíblia não foi alterada? Quem pensa isso acha que ninguém seria louco de mexer nela, porque ela traz a palavra de Deus e modificá-la seria cometer um grande pecado. Quem faria o que fizeram Silas Malafaia e Marco Feliciano, que hoje a alteram tranquilamente? Ninguém seria tão leviano, pensam estas pessoas, que acreditam estar lendo nos dias atuais a Bíblia original.

Outro ponto relevante quanto a isso, é que, como também já aludi antes, a Bíblia foi escrita parte em hebraico e aramaico, parte em grego, e essas línguas escritas não conseguem exprimir de forma correta aquilo que era falado na época.

Tudo isso só nos mostra a grande desconexão entre o que era a Bíblia realmente, na sua origem, e o que nós conhecemos hoje. Existem dificuldades de tradução da língua original para as línguas de hoje, e de transposição da cultura de então para a atual. É difícil também acreditar que todos os copistas da Bíblia fizessem cópias fidedignas, uma vez que as pessoas tendem, mesmo que não o queiram, a dar interpretações e intenções pessoais às coisas que transmitem.

Em certa época, quando a Igreja Católica tomou o cristianismo para si, aqueles que copiavam a Bíblia não sabiam ler, só copiar. Era proibido que o trabalho fosse feito por indivíduos letrados, ou porque imaginavam que eles poderiam alterar o texto sagrado ou porque poderiam confrontar a versão original com a versão escrita da Bíblia.

Voltemos à questão relativa ao termo "evangélico".

Quem segue a Bíblia ou é evangélico ou judeu,portanto o cristão católico é evangélico.

O que ocorreu foi que, como já antecipei na Introdução, que, os protestantes se apropriaram do termo evangélico. O que legitimaria que os protestantes se apropriassem de um termo ligado à história da vida de Cristo na Terra?

Existem diferenças de perspectiva, claro. Há os que não acreditam que Cristo seja filho de Deus, para esses ele seria um intermediário, um caminho único até Deus. Uma pessoa acima das demais, iluminada, mas não divina, porque Deus é um só. Os Testemunhas de Jeová acreditam nisso. Seguem a Bíblia, creem no evangelho de Cristo, entretanto têm uma visão distinta.

Já os judeus acreditam que Cristo é um baderneiro. E igrejas como a do Edir Macedo são seitas de submissão judaica. O que seria isso? Seitas que levam as pessoas a aceitarem a ideia de que os judeus são superiores, porque são o povo escolhido por Deus. Mas o que faria uma igreja do tamanho da Igreja Universal a conduzir os seus fiéis a ver os judeus como uma raça superior e ainda por cima usar o nome de Cristo? Ocorre que a Igreja Universal tem negócios com Israel. Ela quer subjugar os brasileiros que a frequentam à política de Israel.

Se Jesus Cristo é o Senhor, deveria ser admitido pelos judeus como tal mas não é. Os judeus acreditam que o Messias ainda vai vir. Mas aqui no Brasil, quem frequenta as igrejas ditas evangélicas, que na verdade são seitas de submissão judaica, são totalmente a favor do extermínio do povo da Faixa de Gaza, das guerras que Israel causa ao redor do mundo. Para estas pessoas Israel é o povo escolhido por Deus e, portanto, pode matar todo mundo.

A maioria das igrejas que existem no Brasil têm esse perfil. Simplesmente porque o capital de Israel criou aos poucos no país emissoras de televisão e de rádio, editoras de livros e gravadoras de música gospel. Hoje, se uma igreja tentar entrar no mercado (e aqui obviamente não falo de fé) fora do esquema de submissão judaica, seus membros não poderão contar com este aparelho midiático, não terão à sua disposição as empresas hegemônicas de comunicação do grupo judeu.

Isto significa que há todo um esquema por trás dessas igrejas para que elas preguem não o evangelho, mas o judaísmo. Todo o trabalho de Silas Malafaia, de Marco Feliciano e também de Edir Macedo consiste em fazer a pregação do judaísmo e anular aos poucos o cristianismo. É o trabalho do anticristo. As igrejas que homens assim comandam têm noventa por cento da fundamentação de seus cultos no Antigo Testamento, e fazem de tudo para esconder que Jesus Cristo veio para acabar com a ideia de que os judeus eram o povo escolhido por Deus. A missão de Jesus foi dizer a eles que não eram o melhor o povo, mas que Deus os escolhera para pregar a Sua palavra para o resto do mundo. A graça de Deus devia ser espalhada por eles para todas as criaturas da terra. Como os judeus se negaram a fazê-lo, preferiram matar Cristo.

Isso é antissemitismo? Não, isso é História. E eu teria raiva dos judeus por isso? Ora, os judeus nem sabem o que está acontecendo. Quem sabe são os políticos judeus, que fazem do seu povo mera massa de manobra, como acontece com os cristãos. O povo do mundo judaico desde criança é educado para pensar que pertence a uma raça superior, que Deus vai lhe enviar o Messias ainda, e que os cristãos são loucos por pensar que Jesus Cristo é Deus.

Bem, agora que fiz um resumo do contexto, queria dizer que acredito que Deus é um só. Ele se manifestou em vários lugares da terra da forma que precisava, mas sempre por vias semelhantes. Há relatos muito similares ao redor de todo o mundo da vinda de Deus, ainda que com peculiaridades regionais. Se esse Deus é chamado de Alá ou se é chamado de Olodumarê, isso não interessa. Ele se manifesta de formas diferentes porque, por exemplo, se aparecer branquinho, de olhos azuis, no meio de um monte de negros na África, poderia ser assustador. Deus, com inteligência divina, se aproxima de cada povo da forma mais conveniente.

Os mórmons acreditam que o mesmo Deus que apareceu na Europa, apareceu na África e na América. Eu não diria que estão mentindo.

2. Igreja, Deus e Disciplina: A função social da Igreja

Existem várias versões para a escrita da Bíblia.

A versão de quem acredita que ela foi ditada por Deus, é aquela que começou a ser redigida quando Moisés subiu no monte. Em que recebeu as palavras do Senhor e escreveu a Torá, que é o Pentateuco, ou seja, os primeiros cinco livros da Bíblia. A Torá teria sido escrita sob a inspiração divina, de acordo com o que Deus queria para aquele povo. Cada linha dela, segundo esta versão, deve ser lida de uma forma literal.

Ora, uma leitura literal do Velho Testamento é o melhor caminho para o ateísmo. Se você quer que o seu filho seja cristão, não exija dele uma leitura assim. O Velho Testamento foi escrito para aquele povo naquela época; levá-lo ao pé da letra hoje é uma ingenuidade. No momento em que seu filho for a estudar física e descobrir que a Terra tem milhões de anos, vai começar achar que nada na Bíblia tem valor. A leitura literal do Velho Testamento é um pedido radical do religioso, que acaba afastando as pessoas da fé pois coloca a Bíblia em contradição. Porque há elementos no Pentateuco que contestam o Novo Testamento e que são contestados também pela ciência. É preciso fazer uma leitura inteligente, que atravesse os tempos. Quando Deus diz que a Terra é plana, não se pode imaginar que está falando do planeta, mas sim da Terra Prometida. Quando diz que a Terra tem 7 mil anos, talvez esteja nos dizendo que ela está sendo prometida para aquele povo há 7 mil anos, desde que começou a ser construída por outros povos.

Portanto, não se pode ler a Bíblia de forma literal. As pessoas que insistem nisso são picaretas, e as que acreditam nelas são suas vítimas. Os padres e pastores que pregam a literalidade da leitura só querem na verdade manter seus fiéis como gado, para que fiquem doando dinheiro para a igreja deles e para emissora em que trabalham. Simples assim.

Para se manter a igreja viva é indispensável compatibilizar a Bíblia com a ciência, abrindo mão de segui-la ao pé da letra. Feito isto, cientista algum poderá dizer que não é possível acreditar na Bíblia. Eu tenho mais de vinte cursos superiores e acredito nela, porque penso: "Nessa parte está escrito isso, mas a intenção era dizer aquilo". Esta é a leitura inteligente da Bíblia. A literalidade é a pura estupidez, e pode ser um forte estímulo ao ateísmo.

Vamos agora a outra versão, a dos cientistas que têm fé, a versão em que eu acredito.

Conforme ela, a Bíblia foi ditada por Deus para contextualizar a realidade do povo daquela época. Se Ele a ditasse nos dias atuais, nos diria como lidar com a Covid-19, que é o problema que estamos enfrentando. Não ia nos dar dicas a respeito de civilizações que surgirão daqui a milhares de anos.

Pois bem, como cientista que crê em Deus, preciso agora esquecer a crença e ser absolutamente científico. Faço isso e, mesmo assim, o que encontro no Pentateuco, o início da Bíblia, é muito plausível. Porque era preciso criar uma constituição para o povo da época, que vivia sob anarquia. Mas como exigir de um povo completamente anárquico que seguisse normas legais? É aí que entra a extrema inteligência de seu líder, que foi ao monte, escreveu as regras que o povo deveria cumprir e disse que elas haviam sido ditadas por Deus.

Moisés foi na verdade um notável que escreveu uma constituição para o seu povo, mas de onde ele a tirou? Se fosse hoje, Kelsen explicaria que existe uma norma pressuposta fundamental que legitima o povo a criar uma constituinte, da qual nasce uma constituição. Mas não havia um Kelsen na época. O que havia era o medo do pós-morte, o medo do oculto. Então o que Moisés fez foi dizer que Deus lhe ditara aquelas palavras, que deviam ser aceitas como sendo a Sua lei.

Para a visão científica, a Torá é uma constituição que deu certo, escrita com a função de organizar aquele povo. Eu a li (usei minha própria cabeça, não segui nenhum pastor) e diria que é talvez o maior livro de disciplina da humanidade. Tem instruções para a vida em comunidade, regras sanitárias (pasmem, até o isolamento social está lá), normas de conduta moral, criminal, etc.

A Torá é como se fosse o primeiro ordenamento jurídico completo da humanidade, que contempla desde normas cimeiras, que são as constitucionais, as leis complementares, que tapam os buracos da constituição, e vai até leis ordinárias, que regulamentam a vida em sociedade.

3. A Igreja Hoje

O cidadão de bem dos nosso dias, aquele que coloca no carro um adesivo em que está escrito "Deus no Controle", veste camisa com a estampa da "Marcha para Jesus", chega em casa e espanca esposa, é o cidadão de bem padrão. Mas não representa necessariamente aqueles que têm temor a Deus, ter temor é bem diferente de ser fiel a Deus. É temer ser castigado severamente por Ele por não obedecer às Suas regras. E este cidadão não tem medo do castigo divino, porque se sente invisível para Deus.

Aqui vou lhes contar uma história.

Trata-se do relato de um mito grego lembrado por Platão, intitulado Anel de Giges, que é mencionado no segundo livro do diálogo A República.

Giges era uma pessoa humilde, comum, até achar um anel (que se parece muito com o do filme O Senhor dos Anéis). Giges coloca logo o anel no dedo e percebe que ficou invisível. Nesse momento passa a poder fazer tudo o que os outros não podem ver. Com esse poder, seduz a rainha, mata o rei e ocupa o trono. A ideia da fábula é que, sem uma supervisão, todo homem procuraria obter o máximo de poder possível. Surgiu assim um debate entre Platão e outros pensadores, a respeito da moral ser importante por si mesma ou somente porque as pessoas estão sempre sendo vigiadas.

Platão acredita na bondade intrínseca do ser humano, e a história do Anel de Giges diz o contrário, que só nos mostramos bons porque estamos sendo vigiados. Platão encerra a história dizendo que discorda disso, para ele a moral é praticada porque é boa em si, porque vale a pena, mas o que fica no ar é a cobiça humana.

O ser humano tem tendência a buscar todos os benefícios possíveis para si, e quando consegue fazer alguma coisa escondido (rachadinha, mensalão, seja lá o que for), quando acha que não vai ser visto, faz coisas erradas. Rouba, burla a lei, difama injustamente o inimigo etc. Nem todos o fazem, mas a gente sabe que isso acontece muito.

Deus, porém, vê tudo. Inclusive o nosso pensamento, me refiro à onipresença, onipotência e onisciência de Deus, que não vou contestar filosoficamente porque esta não é a intenção deste trabalho. Pois bem, Deus sabe o que você pensa, o que você faz e até mesmo que você faria se estivesse invisível. Tal característica de Deus, desde a igreja antiga até a atual, cumpre uma função social muito grande, porque muitas vezes as pessoas pensam: "Eu poderia fazer isso, mas o que vai acontecer comigo depois da morte?".

Quem estudou ciências forenses e perícia criminal, sabe que as investigações modernas chegaram a um ponto tão avançado que quase tudo que você fizer, se os peritos quiserem, pode ser descoberto. A falsificação de um documento pode ser detectada pelas microcaracterísticas de impressão da sua impressora; um assassino pode ser encontrado pelo DNA que deixou na unha da vítima, e assim por diante. Mas quem não estudou estas matérias, ou seja, a esmagadora maioria do povo, não sabe disso, e só não fará coisas erradas se acreditar na onisciência de Deus.

Claro, todos nós passamos por momentos de raiva, em que pensamos em fazer coisas que jamais faríamos em um estado normal de consciência. Nessas horas, só não vamos adiante porque "Deus está vendo". Na verdade, não nos detemos por medo da morte, mas por temer o pós-morte. É quando se revela uma função social incontestável da igreja, a que produz um Deus que vigia.

Com exceção do cidadão de bem, tão hipócrita que adapta Deus a ele, pensando que pode fazer qualquer coisa porque será perdoado, os que acreditam de fato em Deus não tem coragem de matar, estuprar, roubar etc. Vontade não nos falta (quem já não sentiu o desejo de esganar alguém?), mas vemos o castigo divino como obstáculo.

Há também atos que não são criminosos, mas apenas moral ou eticamente reprováveis, como furar uma fila ou ocupar uma vaga reservada para deficientes, os quais deixamos de fazer porque Deus está vendo.

4. O *Coaching*

Edir Macedo é o mais rico, o mais famoso, o mais polêmico de todos os pastores brasileiros. E é tudo isso por causa de um único motivo: em vez de ficar somente roubando o dinheiro das pessoas, pedindo os famosos dez porcento aos fiéis, ele criou um esquema dentro da Igreja Universal que é o *coaching*. O *coach*, ou tutor, é uma pessoa que coloca você no ritmo para se preparar para alguma coisa. Não é o indivíduo que sabe aquilo que você precisa saber, é alguém que percebe que você está preguiçoso ou perdido e precisa se organizar. Por exemplo, o *coach* do Neymar não sabe jogar mais do que ele, porque se soubesse seria uma celebridade, ele é o sujeito que diz para o Neymar que ele deve largar o celular, esquecer um pouco as mulheres, não se preocupar com um escândalo, evitar festas, para ir treinar etc.. Ele põe o Neymar no ritmo e o ajuda a potencializar sua energia produtiva.

Às vezes as pessoas têm um enorme potencial, mas não sabem geri-lo. Basta pensar naquele ex-integrante da banda de garotos Dominó, que afundou nas drogas e se perdeu. Ele foi resgatado por um empresário que se tornou seu *coach*, entrou no ritmo e rapidamente fez sucesso de novo. Isso quer dizer que às vezes ter potencial, por maior que seja, não basta. Uma coisa é uma explosão nuclear, outra coisa é uma explosão nuclear controlada por uma usina termonuclear para gerar energia.

O *coach* pode ser analfabeto, mas inteligente o suficiente para desviar o diretor da Microsoft ou da Apple de preocupações que envolvem discussões com sua mulher ou com a mídia e fazê-lo focar no trabalho. O *coach* diz:

– Tire a cabeça disso, tudo vai se resolver. Vá produzir.

Ou então:

– Você sabia que você pode produzir isso e aquilo?

Porque o *coach* descobre possibilidades que estão em seu próprio potencial e que o cliente não viu, não explorou.

Ele também ajuda o cliente a contornar crises. Pode, por exemplo, pegar um jogador que está deprimido porque foi visto com travestis e ajudá-lo a se transformar em defensor das causas LGBTs, tornando-o ainda mais rico.

O *coach*, quando é muito conhecido, é tão respeitado por seu cliente, que este confia plenamente nele. É o poder da autoridade. Conheci na Inglaterra um *coach* de box, chamado Rocca, que é capaz de infundir uma tal autoconfiança em alguém fisicamente normal como eu, a ponto de me fazer acreditar que poderia derrubar o Anderson Silva, e derrubá-lo de fato.

O nosso cérebro controla absolutamente todas as nossas ações. Quando colocamos na cabeça que vamos fazer algo humanamente possível, vamos conseguir.

O maior obstáculo que encontramos nisso é acreditarmos em nós mesmos,e o coach nos infunde esta crença.

Mas como a Igreja Universal usa o *coaching*? Ela identifica aqueles que estão perdidos e que têm algum potencial, muitas vezes ignorado por eles mesmos, e os estimula. A diferença é que o *coach* aqui é o mais poderoso de todos: Deus. Vejamos como funciona.

Se um pastor da Universal disser a um fiel que ele é diferente e, portanto, vai fazer dez cursos superiores de uma vez, e fará isso porque Deus mandou, ele não hesitará. Ora, quem procura qualquer igreja acredita pelo menos um pouco em Deus, e quem vai à Universal busca sobretudo a realização de um sonho. Isso porque a Universal é imponente, liderada por um milionário, cheia de pessoas extremamente prósperas, com carros de luxo, uma igreja que tem até o grandioso Templo de Salomão! Ela é sinônimo de poder, e é este poder que as pessoas que a procuram querem para si, para solucionar, na maioria das vezes, um problema financeiro.

Tais pessoas não são sempre gado, uma parte delas tem um altíssimo potencial que se perdeu ao longo do tempo, por causa de um relacionamento que não deu certo, por causa de drogas, de alcoolismo, da morte de um filho etc. São criaturas que saíram dos trilhos e viram seu brilho obscurecer, estão a caminho da falência ou viraram trapos humanos que vivem nas ruas.

Pois bem, quem entra na Universal e prospera não é imbecil, é alguém com grande potencial. Alguém que encontrará nesta igreja um esquema de *coaching* muito eficiente, baseado na ideia de que as pessoas voltarão para os trilhos, porque Deus as está recolocando no rumo. A ideia é antiga, lembremos que Moisés já havia imposto regras de disciplina a seu povo a partir da autoridade divina.

Os *coachs* da Universal disciplinam as pessoas em nome de Deus, dizem, por exemplo para um empresário que perdeu o seu filho:

– Deus manda falar que o seu filho está nos braços dele. Ele não morreu, foi levado. É para você não se preocupar, porque em pouco tempo vocês estarão juntos no céu. Mas a sua missão aqui na Terra ainda não acabou. A sua missão aqui é ser próspero. E você está agora chorando, reclamando de uma ordem de Deus, que decidiu levar seu filho porque ele já cumpriu a missão dele aqui na Terra? A sua revolta com Deus está te tirando a graça de Deus. Você precisa aceitar que a decisão de Deus é maior que a sua decisão. Deus vai te dar outros filhos, o filho que você perdeu está te esperando lá no céu, mas agora você tem que voltar para os trilhos, você vai ter que ser próspero. Deus está me falando aqui que a partir deste momento você não vai entrar de novo em um bar para beber. A partir desse momento você não vai usar mais drogas. E amanhã vai estar de barba feita, bem vestido, de roupa passada, dentro da sua empresa colocando tudo no eixo. A sua missão aqui na Terra é fazer a sua empresa prosperar, porque você ainda tem que ganhar muito dinheiro para ajudar muita gente.

Não é difícil compreender que o sujeito já era empresário, tem alto potencial, apenas está passando por um momento penoso. Todos os amigos já tentaram dissuadi-lo de beber, de se drogar, mas não funcionou. Até que um dia alguém lhe disse que na Universal ele superaria seus problemas, porque falaria com Deus. Desesperado, ele foi até a igreja. E reparem que o pastor não lhe disse "eu falei", o pastor disse "Deus mandou falar". Estabeleceu um laço de ultra-autoridade, confortou-o pela morte do filho e colocou-o (ele, que não é um idiota, mas um empresário) nos trilhos. O problema não seria resolvido nem com psicólogos, psiquiatras ou antidepressivos, porque se tratava de uma perda.

Quando perdi meu pai virei um trapo humano, tudo que eu queria era morrer. Trabalhava constantemente em situações de risco porque queria morrer. Cheguei a construir uma torre de 23 metros sem nunca colocar um cinto de segurança... Saía como um maltrapilho pelas ruas. Até que um dia um amigo, Marco Antônio, me disse:

– Você não tomou banho. Você está fedendo, eu te vi ontem com essa mesma roupa.

Eu sei o que está acontecendo: você perdeu o seu pai e por isso perdeu totalmente o controle da sua vida. Vá para casa agora, tome um banho e coloque a sua vida no lugar. Nada vai trazer seu pai de volta.

Foi a partir dali que, aos poucos, voltei ao normal.

Quando uma pessoa perde o chão, pode nunca mais encontrá-lo.

O *coaching* da Igreja Universal, que faz uma pessoa destruída, sem saída, solitária, mudar porque Deus está falando com ela, não opera um milagre. Ele se baseia em uma programação neurolinguística, a autoridade do pastor, cujo sustentáculo é a autoridade suprema de Deus, reprograma, através de palavras de comando inquestionáveis, o cérebro do fiel em crise.

Não é preciso dizer que a igreja ganha – e ganha muito – com isso. Quando o *coaching* opera a transformação do fiel, ele passa de repente a ganhar cem mil reais por mês. Ganha também uma sócia, a própria igreja, que agora vai receber 10% de tudo que ele faturar.

A pergunta que não quer se calar é a seguinte: são justos esses 10%? O *coaching* da igreja, por ter recuperado o empresário, num negócio que no fundo não tem nada a ver com Deus, faz juz a esse quinhão? Isso é justo ou injusto?

Eu, particularmente, preferia estar na igreja, recuperado, ganhando cem mil por mês e dando dez mil para ela, do que estar nas ruas, completamente perdido. Assim, tendo a legitimar o dinheiro que vai para esta igreja.

Mas aí precisamos levar em consideração que o empresário acima é uma exceção, faz parte de uma minoria que, apesar disso, será usada como vitrine, como exemplo de superação e sucesso para o "resto". E o "resto", ou seja, a esmagadora maioria dos fiéis, continuará pobre e morrerá pobre, por não ter nenhum talento especial. Além disso, só perderá com a igreja, porque dará dinheiro a ela a vida inteira e não crescerá nada, uma vez que não tem capacidade para isso.

Uma pessoa comum, sem a avidez ou a capacidade de ganhar muito dinheiro, irá para a igreja com a intenção de ficar rica e não sairá do lugar. Ficará dando 10% para a igreja, fazendo campanha de Fogueira Santa até o dia da morte,e não lucrará coisa alguma com isso.

A Igreja de Cristo com I maiúsculo seria procurada por pessoas que estariam dispostas a se doar para Cristo, para agradecer pelo que têm. A partir daí iniciariam o trabalho de espalhar o evangelho por toda a terra, pelo bem dos povos.

Já quem busca uma igreja como a Universal o faz por interesses pessoais, é como se o templo fosse uma casa de jogos. Porque mesmo um imbecil ali dentro pode ser visto por um empresário, que pode contratá-lo ou promovê-lo, nesse caso, até o imbecil ganhou no jogo. Entretanto, a grande maioria perde, e perde feio em suas apostas.

De qualquer forma, os que vão ali, com a exceção dos que estão sofrendo pela morte de um familiar, o fazem com uma intenção egoísta. Querem barganhar com Deus, dar-lhe 10% para que Ele lhes devolva dez vezes o que estão doando. É hora de perguntar-lhes: como assim? Deus, criador do céu e da terra, precisa dos seus 10%? Isso é procurar a igreja para chantagear Deus, é fazer um negócio ilícito. Quem age assim pode ser visto como alguém pior do que o pastor, que está lá disposto a fazer barganhas, não merece nenhum tipo de proteção, porque já foi à igreja com más intenções.

Há também pessoas que entram na igreja em busca de vingança, pedem a Deus que trucide o seu marido, o seu vizinho etc. Estas também doarão 10% a vida inteira e nunca conseguirão nada.

Dá para ter dó destes fiéis? Acredito que não. Não dá para respeitar quem quer obter dividendos de Deus.

Além dos 10%, as igrejas fazem campanhas, como as do Malafaia, que um belo dia diz ao rebanho, por exemplo, para doar 100% de seu salário em troca de que Deus lhes dê uma casa própria. Conheci uma mulher que, numa dessas campanhas, entregou sua geladeira para a igreja em troca de que Deus a vingasse da mulher que estava saindo com seu marido.

Resumindo nesta operação do *coaching*, a igreja consegue fazer as pessoas voltarem aos trilhos, alguns (muito poucos) ficam ricos, muitos abandonam a droga e a bebida. Mas quase todos apenas empobrecem, à cata de uma barganha que nunca se realiza.

5. O Perfil Ideal do Pastor

O perfil ideal de um pastor é o de uma pessoa que estava destruída e encontrou Jesus. É o caso do ator Guilherme de Pádua, que hoje é pastor da Igreja Batista da Lagoinha. Guilherme participou do assassinato de uma atriz brasileira, naquilo que as reportagens da época chamaram de ritual de magia negra. Ele deveria ser repudiado pelos evangélicos pelo que fez no passado, mas eles o recebem de braços abertos. Acontece que ele tem um potencial para ser pastor muito maior do que alguém que teve uma conduta perfeita durante a vida, e é por esse mesmo motivo que as igrejas agora procuram pastores nos presídios.

A razão de tal escolha é óbvia, quem vai a uma igreja quer o exemplo de uma pessoa que saiu da sua própria condição e chegou a uma condição superior.

Na política e na vida real em geral, se você vem da pobreza não é aceito como mentor pelos círculos dos que vêm de dinastias importantes. Mesmo que de forma inconsciente, até a esquerda age assim. Basta ver como agora, quando a Globo está contra o Bolsonaro, a esquerda prefere compartilhar as notícias da grande emissora em vez daquelas dos comunicadores de esquerda.

Na igreja, porém, ocorre o oposto. Ela é procurada por pessoas problemáticas e humildes, e estas não querem encontrar um líder que veio de uma família riquíssima, de terno e gravata, porque isto seria muito fácil para eles. Querem que o líder, como elas, tenha passado por extremas dificuldades e conseguido superá-las.

É por isso que a estratégia das igrejas atualmente é investigar o passado do potencial pastor, não é interessante que ele tenha sido grande ou bem sucedido, é mais interessante que surja de suas próprias ruínas, mostrando uma história de superação. Um pastor deve ser alguém que era pouco e virou muito. Só assim o fiel poderá pensar que qualquer um consegue "chegar lá".

O obstáculo que a Igreja Universal e congêneres enfrentavam para crescer no passado, era o conflito moral das pessoas que percebiam que estavam enganando as outras, gente que fazia a seguinte reflexão:

– Eu entrei nessa igreja e virei pastor. Mas acredito em Deus e estou vendo que aqui o que se quer é rapar o dinheiro dos fiéis. Tem alguma coisa errada...

Muitos pastores estavam se insurgindo contra a igreja, foi então que ela entrou num *business* muito mais elaborado. Passou a formar os pastores dentro dos presídios, porque eles saem da cadeia com o perfil ideal para esse tipo de igreja.

Normalmente os escolhidos são os criminosos com grande capacidade de ludibriar e boa eloquência para fazer o trabalho, devem ter também uma quantidade mínima de escrúpulos.

Vejamos por que estes são os pastores ideais.

Um sujeito que foi preso porque cometeu um crime injustificável, não vai ter remorsos ao mandar uma família vender sua geladeira para doar para a igreja. vai mentir sem problemas de consciência. Não vai ter nenhum tipo de escrúpulo para tomar tudo que o outro tem, e ainda vai servir como prova de que é possível sair do nada, encontrar Jesus e virar pastor. Quando o fiel chega dentro da igreja e descobre que o pastor é uma pessoa resgatada das drogas, do crime, do álcool, da prostituição e da pobreza, ele pensa: "Essa igreja realmente restaura vidas!".

6. A Riqueza do Pastor, segundo o Fiel

Aqui preciso falar sobre o maior erro dos que estão fora da igreja e tentam desalienar quem está dentro. Eles acham que falar da riqueza do Edir Macedo vai fazer o fiel perceber tudo e sair de lá. Ora, acontece justamente o contrário, o fiel está na igreja porque vê poder nela. Quando se diz a ele que está sendo enganado ao dar 10% do que ganha para a instituição de um pastor que tem jatinho, ele só escuta "o pastor tem jatinho", porque imagina que vai ter jatinho também.

A riqueza do pastor é apresentada ao rebanho como algo que Deus lhe deu porque ele merece, e o rebanho ficará preso à instituição tentando provar que também merece. Jamais se revoltará com a riqueza do pastor e fará doações até depois da morte, deixando à igreja todos os seus bens, como tanto tem ocorrido agora durante a pandemia.

Um pastor rico, enfim, é a prova de que uma igreja deu certo.

É por isso que podemos dizer que, as igrejas mais honestas são aquelas que estão em garagens de pessoas humildes, sem bandeira com o nome, onde ninguém fala em dinheiro.

Congregações de amigos que se reúnem para ler o evangelho e não ficam ricos, são, inclusive, mal-vistos pelos que só pensam em dinheiro.

pólen soft 80 gr/m2
tipologia alegreya
impresso no verão de 2022